技工院校学生心理健康
指导手册

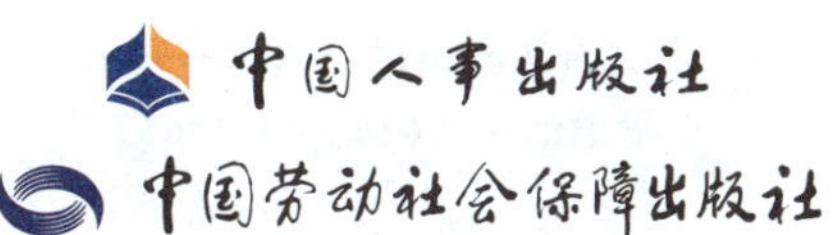

图书在版编目（CIP）数据

技工院校学生心理健康指导手册 / 侯志瑾主编 . -- 北京：中国人事出版社：中国劳动社会保障出版社，2020

ISBN 978-7-5129-1561-9

Ⅰ . ①技…　Ⅱ . ①侯…　Ⅲ . ①心理健康 - 健康教育 - 技工学校 - 教材　Ⅳ . ① G444

中国版本图书馆 CIP 数据核字（2020）第 082956 号

中国人事出版社
中国劳动社会保障出版社 **出版发行**

（北京市惠新东街 1 号　邮政编码：100029）

*

北京市白帆印务有限公司印刷装订　　新华书店经销

880 毫米 × 1230 毫米　32 开本　4.625 印张　89 千字

2020 年 6 月第 1 版　　2020 年 6 月第 1 次印刷

定价：18.00 元

读者服务部电话：（010）64929211/84209101/64921644

营销中心电话：（010）64962347

出版社网址：http://www.class.com.cn

编　委　会

主　编：侯志瑾

副主编：贾　音　李小红

编写人员（按照姓氏拼音顺序）：

丁雨朦　冯　缦　冯　蔚　何健勇　刘琳琳　罗　扬

秦　意　王　婕　袁涤繁　张碧影　张　芳　张敬娟

张　秀　周　春　周律之

前　言

2020 年年初，新型冠状病毒成为了媒体、生活中被提及频率最高的词汇。新型冠状病毒不但威胁着人们的身体健康，还通过人们的恐慌进而放大其破坏力。在这样一场对抗病毒的“战役”中，几乎每个人都不可避免地参与其中。如果你不是前线的战士，你也必须是坚守阵地的守护者。作为同样受到疫情影响的我们，希望与全国人民齐心协力，共同打赢这场攻坚战。

针对应该如何应对在疫情期间以及今后可能发生的突发事件中出现的各种心理问题，我们编写了这本手册，供技工院校的学生阅读使用。本手册分为 7 个篇章，认知篇简单介绍新型冠状病毒的相关知识，解读系列应对措施；居家篇展示了长期居家可能出现的问题和应对方法；情绪篇讨论了疫情带来的情绪方面的困扰，以及相对应的情绪管理方法；人际篇则针对与家人产生矛盾、不能跟朋友见面产生的社会交往问题给出了具体建议；学习篇为学生们解答了学习与职业生涯规划方面的困惑；返校篇则针对疫情结束后学生回归校园的学习、生活与心理适应提供指导；最后的思考篇则是启发学生从这次疫情中有所反思与成长。

新冠病毒给我们带来的多方面冲击，是当前人类社会所面临的诸多挑战的一个缩影。在科技迅速发展的今天，我们依然有很多难题尚待解决。通过阅读这本手册，我们希望大家不仅可以学习疫情所带来的情绪、人际、学业等问题的处理方法，以积极健康的心态面对生活中的困难与挑战，也能够主动思考自己作为人类命运共同体的一分子，在实现自我成长、取得个人发展的同时，将个人与国家的命运相结合，为社会发展贡献自己的一份力量。

目　录

认知篇

居家篇

情绪篇

人际篇

学习篇

返校篇

思考篇

认知篇

一、什么是新型冠状病毒？

2020年年初，举国上下对“新型冠状病毒”这个原本非常专业的词汇已经非常熟悉了。它让原本喜庆热闹的春节蒙上了一层阴影，让大量医务人员日夜奋战在救援前线，让我们也被迫“宅”在家里出不了门。新型冠状病毒到底是什么呢？我们先得从病毒说起。

1. 什么是病毒？

病毒是自然界广泛存在的微生物，其大小只能用纳米（10^{-9} m）计算，目前已发现最大的病毒直径只有450纳米，最小的病毒直径只有10纳米。病毒是一种非细胞生命形态，它没有自己的代谢机构，没有酶系统，只能寄生，不能单独存活。不是所有的病毒都对人体有害，我们的身体里也有一些保护性的病毒，如潜伏性（非症状性）疱疹病毒可以帮助人体的自然杀伤细胞（一种特定类型的白细胞）识别癌细胞和受其他致病病毒感染的细胞。

总之，关于病毒要记住三点：第一，病毒是自然界广泛存在的微生物；第二，病毒只能寄生不能单独存活；第三，并非所有的病毒都对人体有害，我们的身体里也有一些保护性的病毒。

2. 什么是冠状病毒？

接下来我们再说一说冠状病毒。冠状病毒是一大类病毒的总称，由于在电子显微镜下可观察到其外膜上有明显的棒状粒子突起，形态看上去像中世纪欧洲帝王的皇冠，因此被命名为“冠状病毒”。

冠状病毒仅感染脊椎动物，如人、鼠、猪、猫、犬、狼、牛、禽类等。1965 年，科学家分离出第一株寄生在人体上的冠状病毒，当时是从普通感冒患者的鼻腔中分离出来的。部分冠状病毒可导致人类发病，患者表现为从普通感冒到重症肺部感染等不同临床症状，例如，中东呼吸综合征（MERS）和严重急性呼吸综合征（SARS）病毒均属于冠状病毒。

关于冠状病毒同学们要记住四个要点：其一，由于在电子显微镜下观察到其形态像皇冠，因此得名；其二，冠状病毒在自然界中广泛存在；其三，冠状病毒仅感染脊椎动物；其四，部分冠状病毒可导致人类发病，患者表现为从普通感冒到重症肺部感染等不同临床症状。

3. 什么是新型冠状病毒？

新型冠状病毒是先前尚未在人类中发现的冠状病毒。2012 年 9 月，一种新型冠状病毒在沙特被发现，感染该病毒的患者临床表现为中东呼吸综合征。

2019 年年底至 2020 年年初，造成我国新型冠状肺炎（以下简称新冠肺炎）疫情的新型冠状病毒（以下简称新冠病毒），其基因序列显示与蝙蝠中发现的冠状病毒相似，但不同于其他冠状病毒，是目前已知的第 7 种可以感染人群的冠状病毒。2020 年 2 月 11 日，国际病毒分类委员会冠状病毒研究小组（CSG）又将其命名为 SARS-CoV-2。大家需要注意的是，新冠病毒在生物学、流行病学和临床特征等方面都有别于 SARS 病毒。

4. 新冠病毒的传播途径是什么？

新冠病毒主要的传播途径是呼吸道飞沫传播和密切接触传播，被感染者通过呼吸、喷嚏、咳嗽等动作将黏膜分泌物以飞沫的形式传播到空气中，其他人通过呼吸或者接触存活在空气中的病毒飞沫引发新的人传人感染。相关流行病学调查显示，新冠病毒为人群普遍易感，病例多可以追踪到与确诊的病例有过近距离密切接触的情况。

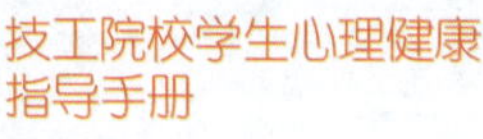

二、如何理解人口流动对疾病传播的影响？

这次暴发于武汉的新冠肺炎疫情之所以快速蔓延至全国，其重要原因之一是暴发的前夕正值我国春运开始，上亿人口在短时间内如潮水般涌向四面八方，对疫情的快速扩散起到了“推波助澜”的作用。

1. 人口流动会对不同类型的传染病传播产生不同的影响

从流行病学的角度来看，流动人口有可能是病原的携带者，将各种病菌、病毒或者寄生虫等传播到原本不存在这些病原的地区和人群。同时，流动人口也将自身暴露于流入地特有的病原环境中，从而使自己的身体健康受到威胁。也就是说，流动人口自身存在被流入地特有的病原感染的可能，同时病原会随着人口的流动传播到其他地区，形成疾病的传播和蔓延。

人口流动会对不同类型的传染病传播产生不同的影响。我们简单分析一下受人口流动影响较大的几类传染病。第一类是接触性传染病。接触性传染病的传播形式有直接接触传播，间接接触传播，以及与含有病原的水、土壤接触而传播。这类传染病受人口流动的影响相对较小，只要人们在流动过程中注意控制自己的行为就可以降低传染程度。第二类是消化道传染病。消化道传染病主要是通过病人的排泄物（如呕吐物、粪便等）传播的，是典型的病从口入的传染病。这类传染病受人口流动影响比较大，但如果能有效地处理好病人的排泄物，防止病菌的传播，就能控制传染病蔓延。第三类受人口流动影响较大的传染病是呼吸道传染病。呼吸道传染病主要经飞沫传播，也可通过直接密切接触或间接接触传播，有时是一对一传染，更多则是一对多快速传染，而且大多数情况下传染者与被传染者并没有意识到病毒的扩散。这类传染病是受人口流动影响非常大的传染病。

2. 新冠肺炎是受人口流动影响非常大的传染病

此次疫情的暴发时间正处于各大高校学生放假、在外务工人员返乡过年以及假期出游的人员流动高峰阶段，在这样一个特殊的时间段，大量的人口流动必然会带来巨大的病毒传播的风险，加大病毒传播的范围，加快病毒传播的速度，使疫情更加凶险，也为疫情的防控带来巨大的压力。

3. 隔离病毒是控制疫情的最经济且快速有效的措施

控制疾病传播最好的办法就是隔离病毒。隔离可以控制传染源，阻断传染病的传播路径。钟南山院士指出，最有效的防控手段就是早发现、早隔离。尽可能减少传播，传播的病人越少，出现“超级传播者”的概率就越小。当出现呼吸道等特殊传染病的疑似病人和确诊病人的时候，依据《中华人民共和国传染病防治法》，应该依法对其密切接触者进行隔离。

目前，全国上下都在采取各种隔离措施，包括封闭城市、封闭某一区域、封闭街道、封闭村庄等，也包括人们自觉居家隔离。这种做法快速地减少了人口的流动规模，降低了病毒传播的风险，有效地控制了疫情的蔓延。对已感染者、疑似病人及密切接触者，则需要采取更为严格的医学隔离手段。

三、政府和学校采取了什么措施应对疫情?

新冠肺炎疫情暴发以来，党中央、国务院以及全国各级地方政府采取了多项积极的措施来应对疫情，下面给大家梳理一下疫情防控期间重要的政策和措施。

1. 加强对疫情防控工作的统一领导

2020 年 1 月 25 日，中共中央政治局常务委员会召开会议，会议决定党中央成立应对疫情工作领导小组，在中央政治局常务委员会领导下开展工作。党中央向湖北武汉等疫情严重地区派出指导组，推动有关地方全面加强防控一线工作。疫情防控要坚持全国一盘棋。

2. 加强重点地区疫情防控

湖北省特别是武汉市作为全国疫情防控工作的重中之重，1 月 23 日 10 时，武汉市发布通告宣布“封城”。紧接着湖北省境内民航、铁路、公路、水路客运等外出通道全部关闭。在全省范围内严格落实早发现、早报告、早隔离、早治疗的措施，加强疫情监测，集中救治患者。

3. 全国范围内做好疫情防控工作，压实地方责任

继武汉市“封城”之后，全国其他各省（自治区、直辖市）相继启动“公共卫生事件一级响应”，实施地方党委和政府责任制。强化城市社区、乡镇农村的防控网格化管理，实施地毯式排查，做好人员健康监测，加强交通及出行限制，尽最大可能减少“行走的传染源”。

4. 全力救治病患，提高收治率和治愈率，降低感染率和病亡率

建设集中收治医院，短短 10 天时间内，武汉雷神山、火神山两所医院相继建成交付使用，同时增加方舱医院的改造数量。根据需要从全国调派医务人员驰援武汉、增援湖北。

5. 加强疫情信息监测

完善疫情信息监测报告系统，提高医疗机构对新冠肺炎的诊断能力和报告意识。社区组织开展主动健康监测，发生聚集性疫情后，辖区疾病预防控制中心须在 2 小时内按照突发公共卫生事件进行网络直报。

6. 加大科研攻关力度，加快抗击疫情所需疫苗、药品等的研发进度

调动高校、科研院所、企业等各方科研力量，将科研攻关和临床、防控实践相结合，在保证科学性的基础上加快科研进度，尽快发布切实有效的研究成果。

7. 全力做好维护社会稳定工作，保障有效应对重大疫情

全力维护正常社会经济秩序，保持生产生活平稳有序，确保居民生活必需品的供应，避免因确诊病例增多、生活物资供应紧张等引发群众恐慌，带来次生“灾害”。加强不同群体的心理干预和疏导，有针对性地做好人文关怀。

8. 做好宣传教育和舆论引导工作，坚定战胜疫情的信心

加大对传染病防治法的宣传教育，引导全社会依法行事，依法严厉打击利用疫情扰乱社会秩序的违法犯罪行为。多层次、高密度发布权威信息，正视存在的问题，回应群众的关切，稳定公众情绪。加强网络媒体引导，传递社会正能量。主动回应国际关切，讲好中国抗击疫情故事，有效影响国际舆论。

此次疫情暴发正值全国大中小学生寒假期间。因为疫情，假期也被无限期延长了，不能正常上课、开学。这种情况下，学校

都采取了哪些措施应对疫情、保护师生呢?

（1）成立了新冠肺炎疫情防控工作领导小组。做到全校统一领导、全面动员、全面部署、科学防控、精准施策，确保全体师生、员工的生命安全和身体健康。

（2）推迟 2020 年春季学期开学时间。学生未经学校批准一律不得提前返校，所有学生做好居家隔离工作。

（3）严格做好师生的信息摸排工作。全面摸清、准确掌握每位师生的具体信息，尤其密切关注有湖北到访史或与湖北人员有接触史的师生情况，学校和老师及时关注学生动态，掌握第一手的准确信息并及时上报。

（4）“停课不停教、停课不停学”。在线开展远程教学，指导师生开展学习、互动、测试、辅导、答疑等环节。做好延期开学期间在线教学工作的组织与管理。

（5）稳定师生情绪，加强学生的思想引导、心理疏导和学习生活指导。充分利用网络“打卡”的方式，开展在线阅读、才艺展示等各种活动，丰富学生的居家生活。开通心理支持热线，为大家提供心理支持。

（6）加强宣传和舆论引导。通过学校网站和微信公众平台，宣传党中央、国务院的决策部署，上级教育主管部门的各项工作要求，以及学校贯彻落实的各项措施。同时，在各个平台宣传师生在抗疫工作中的优秀典型和感人事迹，引导广大师生树立战“疫”必胜的坚定信心。

（7）做好学生错峰开学的工作预案。加强人员、车辆出入校门的管控力度，做好公共教学区域、食堂、宿舍等场所的消毒、杀菌等卫生工作。做好防护、监测、消毒等各类应急物资的储备工作。

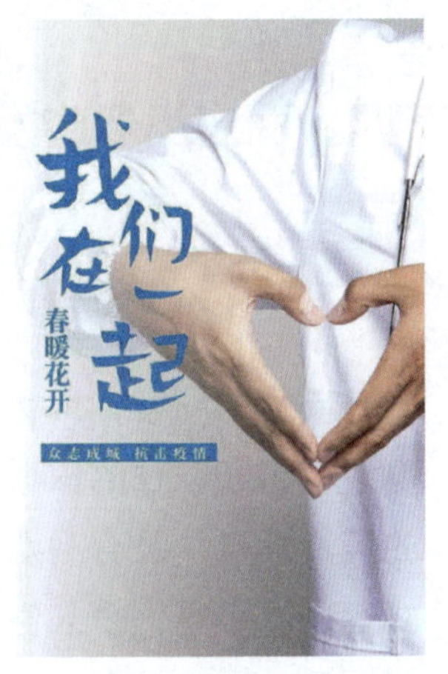

政府以及学校采取的各项应对疫情的措施，将有力地保障防疫抗疫工作的顺利开展，让我们满怀信心期待春暖花开，期待新学期的到来！

四、面对类似突发事件，我这种反应是正常的吗？

亲爱的同学，因为肉眼不可见的新冠病毒，2020 年的这个寒假变得和以往的假期不一样：脱销的口罩、消毒液，实时更新的疫情信息，没有观众的元宵晚会，空空荡荡的城市中心，封闭式管理的小区，个人健康状况每日逐级上报……在这个不一样的假期里，你有没有对生病、救护车更敏感一些？有没有更烦躁易怒？有没有和父母辩论戴口罩的必要性？有没有学习更多的卫生和疾病知识？有没有吃饭不香睡觉不甜？有没有觉得每天的时间过得好慢？这些和往常不一样的状态是每一位身处疫情中的正常人的正常反应，因为我们处在应激反应中。

1. 应激反应的概念

应激反应就是各种紧张性刺激物（应激源）引起的个体非特异性反应，包括生理反应和心理反应两大类。应激的生理反应包括交感神经兴奋、垂体和肾上腺皮质激素分泌增多、血压上升、心率加快、呼吸加速等；应激的心理反应主要表现为情绪的变化和解决问题能力的变化。威胁到生命的危险、重要亲人的去世、当众演讲、考试、升学这些都可能引起我们的应激反应。

疫情一开始我们可能持观望、怀疑的态度。随着病毒的迅速传播扩散，有关疫情的各种信息席卷而来，我们每个人都处在了这场应激事件的某一个环节中。这种伴随疫情的持续存在而出现的压力就会使我们的情绪、生理、认知、行为等方面产生一些变化。这些变化在适度的范围内是积极的应激反应，有利于机体对传入信息的正确认知评价、应对策略的抉择和应对能力的发挥，帮助我们采取有效的防护措施来应对疫情。而过度的应激反应则会妨碍我们对客观现实情境的合理认知，影响应对策略的正确选择，以及应对能力的正常发挥。这时我们往往会误信谣言，出现过度的焦虑、紧张、恐惧，不仅会影响正常生活，还使我们的身心处于耗竭状态，降低自身免疫能力，严重者可能会出现各种身心疾病。

2. 疫情中常见的应激反应

情绪方面，主要表现为对疫情无法被控制的紧张、担心、焦虑、恐惧，害怕自己会被感染，甚至出现对传染来源、对干预措施的抱怨、愤怒，对疾病传播的愤怒、无助和绝望。也可能变得情绪不稳定，对待他人没有耐心。高强度下的工作人员也容易亢奋、焦虑、烦躁、疲惫。

生理方面，主要表现为不自主地心慌、恶心、肠胃不适、全身发凉、手脚发麻、容易出汗等，感觉心里不踏实、胸闷、心堵、心跳加速、容易疲倦、食欲下降，入睡困难、早醒、睡眠质量差、多梦，甚至出现血压升高、月经周期紊乱等。

认知方面，主要表现为注意力不集中，难以做决定和解决问题，总觉得自己可能被感染，对身体各个方面特别关注，对异常感觉十分敏感，并将身体的各种不舒服与疫情联系起来。觉得生活中充满各种各样的危险并随时可能发生，产生生命脆弱、他人和世界不可相信等想法。

行为方面，可能出现逃避或者刻意回避一些信息或者场景，拒绝沟通和接受命令，不配合团队成员等回避性行为；也可能出现不断查看疫情消息，反复测量体温，来回走动等高唤醒行为；开始或增加饮酒、吸烟，甚至有违反社会规则的行为；容易与他人发生冲突、易激惹或社交退缩等。

3. 应激反应的生理机制

可能有同学会认为自己在疫情中出现以上应激反应是因为自己的心理素质不好，从而出现自责、内疚等负面情绪。其实我们大可不必对自己太过苛责，因为应激反应是人类大脑和神经系统长期进化的结果。在外界应激源的刺激下，人体的神经内分泌系统里有两套系统会启动，一套是“蓝斑—交感—肾上腺髓质”系统，另一套是“下丘脑—垂体—肾上腺轴”系统。这两套系统让我们的交感神经兴奋，去甲肾上腺素浓度提升，产生焦虑、恐惧、紧张等情绪，从而提高个体的兴奋度和警觉度，促使机体紧急动员，处于唤起状态，以便应对各种变化的环境，确保安全。但是长期的应激反应会引起消化、心血管、免疫、神经等多个系统受损，并且产生焦虑和抑郁等情绪。因此，我们要正确认识和重视疫情带来的应激反应，主动调适身心状态，提升自己的心理免疫力，让阳光心态来为自己保驾护航。

居家篇

一、居家怎么防护?

随着新冠肺炎疫情的发展变化，政府控制疫情的措施也在不断调整。2020年2月下旬开始，除湖北以外地区，各大企业陆续复工，袁宁的父母也开始上班了。傍晚，袁宁正躺在沙发上看电视，此时爸爸刚好下班回来，手中提了一大包消毒用品。“咱们家旁边有个小区刚确诊了一例，我们小区里虽然还没有，但是要注意做好防范啊！”爸爸一边说着，一边把消毒液、酒精都拿了出来，“现在每个人天天都跟家人在一起，一个人感染会连累全家！”听到这些，袁宁在脑海中浮现了前两天在超市里看到人们戴着口罩购买食材，一个个都行色匆匆，一句话也不说的景象。“有爸爸说的这么严重吗？”袁宁内心嘀咕着，“但是疫情许久未消散，看来还是要做好自我保护。”

疫情之下，客厅、卧室、厨房三点一线成为大多数人最主要的生活方式，家里就是最安全的地方。然而我们大多数人还是不可避免地要走出家门，也要在相对密闭的空间与人接触。那么如何让自己及家人在居家期间做到更专业、更到位的防护呢？接下来，让我们一起来了解吧。

1. 日常防护，远离病毒

（1）减少外出活动，不走亲访友，不聚餐，尽量减少到人员密集的公共场所活动。

（2）在家保持良好的生活习惯，居室整洁，勤开窗，勤通风，定时消毒。

（3）勤洗手，采用 7 步洗手法，用含酒精的洗手液或肥皂和流动水清洗双手至少 20 秒，不要用脏手触摸眼睛、鼻或口。

（4）主动做好个人与家庭成员的健康监测，家庭置备体温计、口罩、家用消毒用品等物资。

（5）打喷嚏或咳嗽时，用手肘衣服遮住口鼻，吐痰时要将口鼻分泌物用纸巾包好，弃置于有盖垃圾箱内。

（6）丢弃使用过的口罩时，不要接触口罩外侧，应用手指捏住口罩的系带，将其丢至医疗废物容器内，摘掉口罩后应立即洗手。

（7）进出门时及时换鞋，外出回家后用酒精等消毒物品擦拭门把手、钥匙、手机屏幕等在外接触的物品，注意不要使用酒精喷雾，以免造成火灾。

（8）乘坐电梯时，尽可能少地接触电梯轿厢内的按钮、扶手，不要倚靠轿壁；住在低楼层的居民尽可能走步梯，既能降低感染概率，又能锻炼身体。

（9）当家庭内出现可疑或疑似病例需要下楼时，尽量打电话让专业的急救人员处理；必须自行下楼时，尽量不使用公共电梯；必须使用电梯时，应提前告知相关管理人员做好备案、消毒等工作。

2. 规律作息，提高免疫力

（1）规律作息，劳逸结合，不熬夜，避免长时间劳累，保证充足的睡眠，同时减少不良嗜好，不吸烟、不酗酒。

（2）合理膳食，每天摄入高蛋白类食物和新鲜的蔬菜、水果，多喝水。

（3）锻炼身体，选择温和且适合在家中进行的运动，增强体质，增加自身免疫力。

3. 调整心态，积极生活

（1）保持积极乐观的心态，尝试觉察自己的情绪，接纳自己的情绪。

（2）通过电话、互联网等方式与他人联系，和同学、朋友、家人互相鼓励、支持，多表达情绪，保持情绪的流动性。

（3）主动做一些让自己愉快的事情，避免接触让自己感到焦虑不安的信息、人和事物。

（4）当不良情绪持续时间较长、自己无法排解时，积极寻求精神卫生、心理健康专业人士的帮助。

4. 如果身体不适，应及时就医

如果在家出现发热、咳嗽、咽痛、胸闷、呼吸困难、乏力、恶心呕吐、腹泻、结膜发炎、肌肉酸痛等症状，要自觉戴上口罩，注意个人卫生，做好居家场所的清洁、消毒工作。不要去人群密集的地方，与家人保持好距离。根据病情变化，及时到附近医院或定点救治医院发热门诊就诊。

同学们，请你们在默默无声地对抗这场没有硝烟的战争时，一定做好防护措施，保护好自己及家人！

二、在家如何正确获取疫情信息?

敏涛是一名医学高等专科学校护理专业一年级学生，自从新冠肺炎疫情暴发以来，大部分时间都和家人一起“宅”在家。他每天起床以后的第一件事情就是打开手机，查看当日的确诊人数、死亡人数，以及各个微信群、QQ群和微博上关于疫情的信息。随着疫情的发展，敏涛的心情也跟着起起伏伏。

作为一名未来的公共卫生人，敏涛在疫情刚开始的一段时间里，特别关注那些战斗在一线的医务人员。看到他们辛苦了一天摘下口罩满脸压痕的样子，被他们深深感动，觉得这是一个特别崇高的职业。可后来看到有医务人员被感染，甚至有患者故意朝医生咳嗽、扒医生防护服这些报道时，敏涛又害怕了，不禁在心里问：自己以后真的敢上一线吗?

当看到有越来越多的患者去世的消息时，敏涛彻底愤怒了：“为什么有人要去吃野生动物?为什么这些人犯下的错误要全国人民去买单?为什么要赔上这么多无辜的性命?实在是太不公平了！”联想到之前的慈善组织风波、一线医生的“裸奔”救治行为、网上有人倒卖口罩等紧缺物资的行为，敏涛久久不能平息胸中的怒火。

你也许和敏涛感同身受，在这段时间里也有过害怕、焦虑、

悲伤、愤怒和不知所措。为什么会这样？可能与我们近期接收了大量的信息有关。现在是自媒体时代，获取信息的渠道更多也更便捷，但谣言和真相就像一对孪生兄弟，让人难以分清。有些信息是真正的谣言，例如“防溢乳垫贴在非医用一次性口罩上能过滤病毒”“熏醋可以预防新冠病毒”，它们未经证实，就一传十，十传百，大规模地传播开来。

面对这些铺天盖地的信息，即使知道不一定是真的，为什么还是有很多人愿意去相信和转发？因为在重大疫情面前，我们每一个人的安全感都受到了挑战，每个人对于来势汹汹的新冠病毒太不了解，这导致我们的安全需要遭到威胁，必须抓住点什么来获得安全感。人都有趋利避害的本能，一旦谣言出现，总认为“空穴来风，未必无因”，抢酒精、抢双黄连，甚至连尿不湿也抢。这也是从众心理的表现，“别人有的我都有了，我才觉得自己是安全的”。再加上在疫情初期，我们对病毒的认识还远远不够，未知引发了大家强烈的恐慌情绪，结果让谣言跑得更快、更远，造成“造谣一张嘴，辟谣跑断腿”的局面。

目前，疫情动态牵动着所有人的心，同学们可以静下心来思考一下：在这个信息混杂的节点，我能做些什么呢？下面，给大家分享“居家三关注”应对妙招。

1. 关注官方信息，控制信息源

面对来源繁杂的信息，我们要努力保持理性，独立思考，警惕信息的来源。首先，谨记要通过政府、权威机构发布的进展报告了解疫情发展动态、防控知识等相关信息。若信息来源不明，则不要轻易相信。其次，面对无法辨别真伪的消息时，不要马上转发，做到不信谣、不传谣。再次，要勇于辟谣，将人民日报、新华网等官方媒体推出的针对新冠肺炎疫情的辟谣专栏发布的信息分享给家人、朋友，转发到朋友圈，以正视听。

2. 关注当下，转移注意力

当注意力过于敏感的时候，我们需要把重心放在每一个当下，专注投入，有意义地度过。首先，要学会转移注意力，将对疫情的过度关注转移到自己当下的生活中来，寻找让自己内心感到平和的力量。听音乐、看书、写作、运动、画画、做手工、做家务等，都不失为好的方式。其次，我们还可以每天学一点新东西或者做一些平时想做却没有时间去做的事情，例如陪父母一起看一部电视剧，自己动手给家人做饭，“断舍离”整理一次房间，享受在家的温馨时光。

3. 关注积极事件，重构认知

多关注周围环境和一线抗击疫情中积极的人和事，让积极情绪得到回归。当我们感觉到焦虑和恐慌，失去安全感和控制感的时候，可以通过积极情绪来抵消负面情绪带来的伤害，缓解我们内心的紧张、不安、焦虑、郁闷，使内心重获安宁。与此同时，积极的情绪能帮助我们重构认知，相信一切都在逐渐往好的方向发展。

以上就是我们的“居家三关注”应对策略，大家学会了吗？让我们用起来，共同期盼谣言和病毒散去的那一天早日到来。

三、如何打发“无聊”的时间?

吴凡是一名技工院校在读学生，寒假一开始，好不容易有了大块的空余时间，天天手机不离手，网络游戏玩得不亦乐乎，游戏直播更是期期不落。除夕前，当地百货商场因工作人员被确诊新冠肺炎而暂时歇业。没两天，吴凡家所在的小区发现确诊病例，整个小区被封锁了。很快，吴凡所在城市就成了湖北省外确诊人数最多的城市。有新闻说开学时间“不早于2月底”，没过几天又变成了“3月份视情况开学”。

除了不能外出以外，“宅”在家里的日子太幸福了！作业是什么？反正开学还早呢！母亲每天提醒他学习、完成作业，吴凡敷衍地回答“知道啦”，又捧起了手机。时间久了，他发现眼睛酸涩、脖子僵硬。“啊！真没意思！”每天晚上睡前懊悔虚度光阴，起床之后又重复这样的生活。

2020年2月15日起，吴凡的学校正式开始网络授课，一个半小时的课程，老师们口若悬河，自己却昏昏欲睡。身负繁重的学习任务，身处宽松的学习环境，既不想继续“堕落模式”，又不想把自己逼得太紧……

自制力较差的同学可能和吴凡有着同样的感受。回顾一天，觉得一无所获时，内心就会非常空虚，甚至产生自责、羞愧的念头。第二天醒得太晚，发现又浪费了时间，为了逃避焦虑情绪，就玩起了手机让自己暂时逃离，却又陷入恶性循环。如何打发“无聊”的时间，合理规划时间呢？

1. 展望未来，确定目标

积极展望未来，制定一个确定性的小目标，例如想要减（增）重多少斤，想要去哪里旅游，想学习一门乐器等。实现目标需要合理的计划，遵循“跳一跳够得着”原则，将大目标分解成每日可以执行的小任务。例如，想要去欧洲旅行，那么规划一下时间，今年暑假是否有时间？如果不行，明年呢？思考一下与谁同行，如果约小伙伴就提前邀请一下。想想旅行基金从何而来？父母是否资助自己？如果没有，是否需要自己打工来赚钱？你打算自助游还是跟团游？签证需要何时办理？旅行攻略怎么做？这些都是帮助你把旅行这一件事细化的步骤。

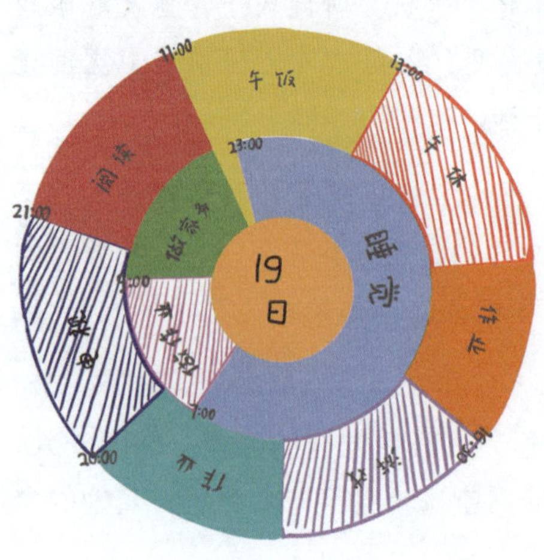

2. 看看时间都花到哪里去了

把每天的时间花费在哪里记录下来，你会清晰地发现浪费了哪些时间。当你找到浪费时间的根源，你才有办法改变。看看自己这一天有多少时间是被玩游戏、追剧、微信聊天所占据的。不妨拿起一支笔、一张纸，写下来24小时都是怎么度过的，用不同的颜色画成“时间饼图”。你或许能发现很多时间莫名其妙地就“消失”了，这就是时间“黑洞”，说明你没有好好利用这些时间。

3. 积极改变，明天可以有哪些不一样

完成自己的“时间饼图”后，可以把自己一天内所做的事情进行分类，然后统计我们做每一类事情所用的时间。下面给大家提供一个表格作为参考，同学们可以把自己在每一类事情上所花费的时间填写在里面。

类别	花费时间	目标花费时间
休息（吃饭、睡觉）		
休闲娱乐（看剧、玩游戏、看微博）		
学习（阅读、写作、看教学视频、上网课）		
健身（散步、锻炼）		
生活准备（做饭、买东西等）		
沟通（与伙伴/朋友/父母交流）		
其他		

接下来请思考：明天我是否还想过得跟今天一样？如果不是，那么有哪些调整？例如，休闲娱乐可以减少1小时，放到健身上面，也可以增加与伙伴沟通和交流的时间。在第一步的时候

我们已经制定了自己的小目标，接下可以想一想，为了实现自己的小目标，明天可以做些什么？然后安排一下自己明天想要在各个部分所花费的时间。

4. 强化巩固执行力

根据自己的实际情况合理制定奖赏内容，利用自我激励来强化目标执行力。例如，完成早上的计划后奖励自己玩一局游戏、吃喜欢的零食等。

时间资源是有限的，从现在开始制定一个小目标，让你的假期不再“无聊”！

四、沉浸在网络游戏中如何自拔?

小柔是3+2幼教专业的一名学生。父母在她小时候，为了躲避计划生育政策的处罚，怀了二胎之后就把小柔寄养在姨妈家，直到小学四年级才把她接回家。小柔一直就读于寄宿学校，每隔两周回家待两天。自那时起，小柔就有些自卑，担心自己不被喜欢而不敢交朋友。

受疫情影响“封城”以来，是小柔一家四口在一起待得最久的一段时光。可是看着父母跟弟弟有说有笑，小柔觉得自己像个外人。吃完饭，小柔就躲回自己的房间，熟练地玩起了某竞技手游。在这里，她觉得很放松，不用在乎队友们怎么看自己，想换皮肤就换皮肤，想怎么打扮就怎么打扮，不像自己平时换衣服那样被妈妈“嫌弃”。在另一个角色扮演游戏里，小柔还“结了婚”，时常跟游戏里的“夫君”组队练级，“夫君”是位风趣幽默的同龄人。小柔脸上时常洋溢着笑容，幻想也许哪一天会跟“夫君”见面。

放假越久，小柔越不想学习，甚至也没心思练钢琴，只有在父母和弟弟的揶揄下，才会勉强地弹一曲。“哎哎哎！你要是能像玩游戏这么认真的话，钢琴十级早就考过了呀！”听着妈妈的唠叨，小柔就觉得委屈，“凭什么你们对弟弟那么好，对我却要求这么多？”不敢发火的小柔只能默默忍受，转身疯狂玩起游戏。她只有在游戏里才能获得自己想要的存在感和情感慰藉。

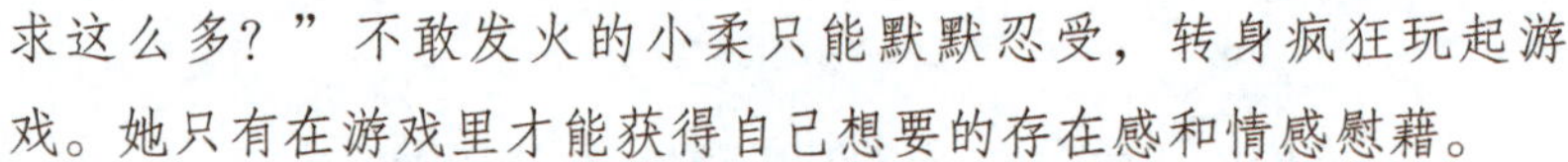

随着线上教学的开始，小柔经常是一边用电脑播放网课，一边捧着手机玩游戏，被爸妈发现后又是一通责骂。小柔也觉得别扭、矛盾，知道沉迷于游戏是不对的，但还是停不下来。

相信不少同学也有类似的经历：假期时间自由，好不容易可以通宵玩游戏，结果沉浸在网游或手游中难以自拔。遇到这种情况，我们该怎么办呢？

1. 探索未被满足的内心需求

根据马斯洛的需要层次理论，小柔在家庭中的“归属需要”没有得到满足，因此才会向外寻找。家庭不能给予的爱，在游戏中可以找到。小柔觉得自己在游戏中得到了关爱和尊重，游戏给予了自己被集体需要的归属感，而游戏获胜后更是有了成就感。所以小柔玩游戏并不是因为她的自控力差，也不是因为“网瘾”作祟，其实是由

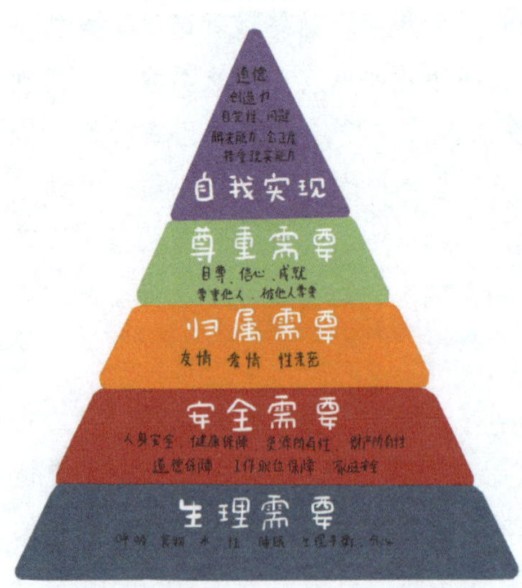

于小柔在成长过程中一直渴望得到父母的关爱，当未体验到时，转而投向网游的怀抱。

那么理解了小柔之后，同学们可以问问自己："玩游戏对你来说，意味着什么？"只有探索未被满足的内心需求后，才能做到"对症下药"，否则你的努力可能用错了地方。

2. 逐步降低依赖

对游戏的依赖不是一朝一夕形成的，同学们不必强求自己立刻放弃玩游戏，可以尝试通过逐步降低对游戏的依赖，让这个过程变得容易接受一些。例如刚开始每天少玩半小时，一周后每天少玩 1 小时，两周后每天少玩 2 小时，久而久之建立起条件反射，逐渐将自己玩游戏的时间控制在一定范围内。

3. 拥抱现实，寻找自主感

同学们要认识到游戏是虚拟的，是消遣娱乐的工具，而不应成为生活的全部。我们需要拥抱现实，在生活中寻找兴趣点，从而获得自主感。想一想，游戏给你带来的爽快的感觉，是否也能从其他途径获得？不如给自己培养一个爱好，如学习一种乐器，掌握一门才艺，练习一项技能，让自己的生活有所寄托，享受从中获得的成就感和自主感。现实生活中存在很多有待探索的事物，试着了解更多的未知领域，享受生活带来的幸福和喜悦。

五、白天睡太久，晚上睡不着，怎么办?

为阻止新冠肺炎疫情进一步蔓延，全国各地相继实施了严格的防控措施，延期开学和推迟上班成为规定动作。为此，在这个本该积极学习和工作的春天里，大家全都“宅”在家里，“奉旨睡觉”成了朋友圈里的流行语。

某职业学校二年级的大伟同学，一开始也和大家一样，当听到国家要求居家隔离、延期开学的消息时，开心地发了一条朋友圈：“我终于可以过猪一般的生活了。”于是大伟晚上看视频、玩游戏、购物、聊天，白天睡到日上三竿，妈妈几次催促也无法让大伟离开心爱的床。一天，忍无可忍的妈妈抱怨道：“一天到晚就知道睡！”大伟生气地反驳：“国家让我睡的！你没资格骂我！”

可是这样的“美好”生活持续了一段时间后，大伟却高兴不起来了。“最近，身上有一种说不出的感觉，晚上越来越睡不着觉了，每天要到凌晨三四点才能入睡，”大伟说，“晚上睡不着，第二天早上自然醒不来，就算醒来了人也是昏昏沉沉的。”

这种情况是由于大伟白天睡得太久，导致了生物钟的紊乱，因此才会出现晚上睡不着的情况。人类的睡眠存在一个生物节律，即大约在 90~100 分钟的时间内经历一个有 5 个不同阶段的周期：入睡期、浅睡期、熟睡期、深睡期、快速动眼期。深睡期是人体力和脑力恢复的最佳时期。一般入睡后半小时至一小时，人体就会逐渐进入深睡期。如果白天睡觉时间超过 1 小时，精力逐渐恢复了，到了晚上该睡觉时精力仍未耗尽，就会影响晚上的睡眠。周而复始，会进入一个恶性循环，导致白天无精打采想睡觉，晚上辗转反侧睡不着。那么大伟该如何遵循睡眠规律来调整和保证良好的睡眠呢？认知行为疗法是能够帮到大家的好方法，分为五个步骤，分别是自我评估、刺激控制、改变认知、限制睡眠时间和保持睡眠卫生。

第一步：自我评估

找出失眠的因素对自我评估尤为重要。首先，试着思考一下，引发自己晚上睡不着的原因是什么？是心理问题，如焦虑、抑郁等，还是生理疾病，如甲状腺疾病（甲亢）、慢性疼痛等。然后，记录下自己的睡眠模式信息。借助睡眠监控软件是不错的方法，它可以详细地呈现出我们的睡眠周期（上床时间、夜里醒来的次数等），追踪一段时间内的睡眠变化。写下自己睡前的习惯，如看手机或者喝咖啡等也是必要的。

第二步：刺激控制

管理睡前的影响因素，加强床跟睡眠之间的积极联系，可以帮助我们迅速入睡。

（1）减少白天的睡眠时间，如果需要，可以在起床 7~9 小时后，小憩 15~30 分钟。

（2）只在犯困的时候上床睡觉，卧室只用来睡觉，不做与睡眠无关的事情，玩游戏、看视频等请远离床。

（3）睡不着时就下床做别的事，无论白天或是晚上，都不用强迫自己必须睡觉，30 分钟睡不着就起来看书，或者做点放松的事情。

（4）固定起床时间，可以增加我们对失眠的控制感，同时有助于生物钟的形成。

第三步：改变认知

改变对睡眠的一些错误观念和态度。事实上，睡得不好并不会特别影响你的表现。你可以在临睡前尝试改变自己的消极思维方式，用更积极、更实际的积极思维代替消极思维，对自己说一些平静的、有助于入睡的话语。

尝试改变思维方式：变消极为积极	
不切实际的期待	消极思维：我本应该跟正常人一样每晚都睡个好觉
	积极思维：很多人也会遇到睡不好的情况，通过一定的训练我的睡眠会改善的
夸大	消极思维：每个晚上都一样，今天也不例外是失眠的一晚
	积极思维：不是每天都睡不好的，有几天我睡得稍微好点
灾难化	消极思维：要是我睡不好的话，我会在工作上表现得很糟糕
	积极思维：就算我很累，也可以把工作完成，就算今晚睡不着，我也可以得到休息和放松
丧失希望	消极思维：我永远都睡不好觉了，这根本不在我的控制范围内
	积极思维：睡眠问题是可以治疗的，如果我少点担心，多从正面思考，最后一定会解决睡眠问题的
消极预测	消极思维：我就知道，今晚至少要花一个小时才能入睡
	积极思维：不知道今晚情况会如何，但如果我用上学到的新方法，可能很快就能入睡啦！

第四步：限制睡眠时间

限制睡眠时间有助于我们睡得更好。将在床上的时间减少至估计的总睡眠时间，不少于 5.5 小时即可。当睡眠时间与在床上的时间的重合率达到 90% 以上，我们感到睡眠质量提高时，每周增加 15 分钟在床上的时间。该过程一直持续，直到我们的实际睡眠时间可以满足白天的需要。

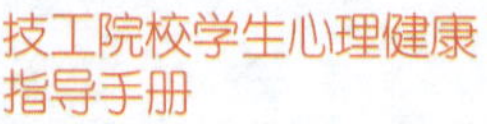

第五步：保持睡眠卫生

疫情防控期间，我们往往会特别注意环境卫生，保持良好的睡眠卫生同样重要，可以促进良好的睡眠习惯。创建安全、安静、舒适的睡眠环境，睡前 4 小时内避免剧烈运动，远离手机、咖啡等影响睡眠质量的物质，调节睡前的灯光亮度……这些方式都可以帮助我们保持良好的睡眠卫生。

六、如何制订合理的健康计划，防止越“宅”越肥？

在这个漫长的春节假期中，为了自己和他人的健康，我们都自觉地居家生活，不出门。为了打发时间，很多人选择躬身下厨，给家人做各种各样的爱心美食。小艾同学的男朋友就是“全民变大厨”的一员。

小艾是一名应届毕业生，如果没有这次疫情，她春节假期过后将到一家期待已久的企业去实习。原本属于微胖可爱一族的她，为了在新单位中呈现出自己最好的精神面貌，原打算在假期严格控制自己的饮食，坚持早晚跑步，实施减肥计划。可是现如今，受到疫情影响，学校推迟开学，企业延期复工，缺少了动力的她，原本的减肥计划也“搁浅”了。面对未来实习、毕业的不确定，小艾心情有些烦躁。还好有男友大厨的悉心照顾，红烧肉、自制蛋糕、鲜榨果汁……各式美食和甜点让小艾暂时忘却了找工作的烦恼。

令人苦恼的是，在这延长的十几天假期里，小艾的体重已经增长了3千克。她仿佛可以预感，等到了真正开学的那天，她会胖成一个“球”。小艾越来越自责：“为什么想象中的自己和现实中的自己差距那么大？为什么别人越‘宅’越瘦，我却越‘宅’越肥？”

这是因为这些天大家都待在家里，长时间不运动和饮食结构不合理，加上生活和睡眠不规律，慢慢导致代谢速度降低，体重增加。原有的苗条身材，出现了小肚腩，体形日趋肥胖，也就是越“宅”越肥。

同时心情郁闷、压力大也是影响因素之一。当我们觉得心情有点低落时，适度品尝自己喜欢的食物是可以有效调整情绪的，但是过量食用就会造成身体的负担。更重要的是，当我们产生压力的时候，如果用吃东西的办法来缓解，很容易在对食物的选择上没有了标准，造成暴饮暴食。此外，带着情绪吃东西是很不利于食物吸收的，食物的营养成分不易被吸收，也容易给身体造成负担，导致身体发胖。

除了自身，周围的环境也会对我们产生影响。当你和伴侣或朋友相处时，身边人的习惯会潜移默化地改变你的习惯。案例中小艾同学的男朋友营造了美食环境，如果他再是一位超级吃货，小艾的饭量也会跟着上升的。

那么居家期间，如何制订合理的健康计划，防止越“宅”越肥?

1. 早睡早起，作息规律

规范作息时间很重要，因为越有规律的生活才越有安全感。从现在开始，制作一张适合自己的作息时间表。首先，规定每天起床和睡觉的时间，保证一定的睡眠是减肥的前提。其次，花一小时左右的时间，记下你每天必须做的事情，并把这些事情分类。最后，为每一类事安排时间。注意作息时间表的弹性，不要把时间安排得太紧。接下来就可以进入作息时间表的试运行阶段，每隔几天可以稍做调整，直到你觉得可行为止。

作息时间表

时间 任务	周一	周二	周三	周四	周五	周六	自由活动日
起床 7:00–8:00							
做家务 9:00–10:00							
写作业 14:00–16:00 17:00–18:00							
准备睡觉 22:00–23:00							

2. 合理饮食，吃出美丽

要尽量保持三餐规律，规律的饮食有助于代谢稳定和保持营养充足。每餐要有主食、蛋白质、蔬菜和水果的摄入量，这样才能保证营养均衡。偶尔的放纵是允许的，不必自责。在家里无聊想吃零食时，可以补充一些低热量的食物，如水果、酸奶等，尽量避免热量高的食物，如加工的瓜子、奶茶、甜点等。

3. 培养在家做运动的习惯

尝试着培养在家做运动的习惯。选择一套适合自己的健身视频，每次在同样的时间、同样的地点开始运动，例如每天下午 4 点，将客厅变成运动场，把这项运动坚持下来。

4. 寻找重要他人的支持

不要想着自己可以独自解决所有问题，也不要期待自制力永远发挥作用。你的环境中总是充满着诱惑，所以如果你想要更有效地减肥，尝试着动员你身边的家人或好友加入你的健康计划，这也许是一个明智的选择。

5. 做好心理调养

尝试着写幸福日记。每天记录 24 小时内发生的三件好事，积极的心态会让你自信满满、充满活力。当然，当心理的痛苦程度影响正常的生活时，主动求助是非常正确的选择，请拨打心理支持热线寻求专业帮助。

情绪篇

一、怎样舒缓对疫情的恐慌?

子欢是一名二年级的高职学生，平时她积极乐观、勤奋上进。这个寒假她本打算在家好好准备专升本的考试复习，突如其来的疫情打断了她的学习安排。子欢家不在重点疫区，客观上讲，疫情对她的学习环境影响不大。但是子欢却不能静下心来，每天坐在书桌前便会不由自主地拿起手机查看疫情信息，越看越焦虑或害怕，脑海中不断出现“谁也不知道意外和明天哪一个先来，我这么努力干什么”的想法。随着疫情的发展，子欢越来越担心自己和家人会染上新冠肺炎。她不敢去阳台，担心楼下的路人会呼出病毒飘上来。虽然家里没有他人出入，她在家也要戴口罩，每天不断强调家人不能外出。晚上她也睡不好，好几次梦到自己生病被吓醒。有的时候她感到胸闷、气短，一天量多次体温，看到体温正常才能稍微安心一点。子欢觉察到自己的反应有些异常，便尝试着用正能量的话鼓励自己，给自己制订学习和运动计划，可是这些计划往往完成不了，她十分苦恼。

当一些无法预料、难以控制的事件（例如这次的疫情）发生时，它可能会成为应激源引发个体的生理和心理的反应。适度的应激反应对个体有积极意义，可以提高个体的警觉性和抵抗力去应对突发事件（疫情）。然而，如果应激反应过于强烈和持久，会影响到身体健康状况，降低机体的免疫力。这次疫情中很多人即使不在重点疫区也特别焦虑和恐慌，网络上的各种信息让本就紧张的神经变得更加敏感，出现了担心害怕、疑病、食不知味、夜不能寝的情况。甚至有些个体会陷入对生命脆弱无常的纠结叹息中，担心灾难随时会降临。这是因为疫情破坏了人们对生活的确定感和控制感，我们不确定身边的人是否携带病毒，不确定防护措施是否有效，不确定疫情何时结束，这个时候就会感到恐慌。

在疫情防控期间，大家应如何调整状态，保持较好的心理功能去面对疫情所引起的恐慌呢?

1. 适当控制信息源

便捷的信息通道，让人们可以在短时间内获得大量的疫情信息，但这些信息真假难辨，大量的信息会冲击在疫情影响下原本就相对脆弱和敏感的神经，疫区生活故事的报道也容易引起替代性创伤。因此，我们要适当控制信息源，关注 1~2 个官方通道，设置关注的频率和时间，如一天 2 次，每次不超过 20 分钟，注意在睡前不要过度关注疫情相关信息。

2. 保持规律作息，合理饮食，适度运动

规律的生活作息和合理健康的饮食能够让人感受到生活的稳定性和可控性，减少慌乱感，提高心理免疫力。同时，坚持适度的体育锻炼，如瑜伽、有氧操、家庭小游戏，都可以减少负面情

绪，增强身体机能。

3. 觉察自我，接纳情绪

面对未知的病毒，产生焦虑、无助、愤怒等情绪反应也是很正常的，不要觉得是自己太脆弱而否认和排斥它们。适当的情绪反应能帮助我们积极应对疫情，但如果这些情绪过载，像前文中的子欢那样对疫情的恐慌严重影响到日常学习生活的话，可以尝试以下步骤来调适。

首先用放慢呼吸节奏法或纸袋法缓解自己的恐慌。

放慢呼吸节奏法：第一步，把注意力集中在自己对呼吸的感觉上，不要力图去控制呼吸节奏；第二步，把一只手置于肚子上，感受吸气时腹部肌肉轻轻地扩张；第三步，吸气时控制自己从 1 数到 10 时再呼气，但不要吸气过深，注意不要深呼吸。保持这样的呼吸频率至少 1 分钟。

纸袋法：把一个纸袋贴在你的嘴和鼻子上，并用纸条紧紧地压住，尽力不要放跑气。然后向纸袋中规律地慢慢呼气，连续在纸袋中呼吸直到感到恐慌被制服、呼吸轻松为止。

然后选择做一种能够全身心投入的活动来缓解自己的恐慌。专注而忘我地做一件事，能够体验到内心的宁静。例如，看电视、读书、听音乐、做手工、清点周围物品的数目等。

最后在相对稳定一些的时候，赋予自己正向能量。留意资讯中的正向信息，如疾病治愈率、国家和社会的有效措施等；回忆自己应对之前生活中危机的成功经验，找到解决问题的能力和自信；用“不幸是暂时的，一切终归会好起来”“疫情结束后我可以……”给自己种植希望。

请记住当自己调适效果不佳时，一定要向心理援助专业人员寻求帮助。

在疫情中，难免有慌乱的时候，如果我们持有接纳的态度、科学的方法和坚定的信念，就一定能打赢这场防疫阻击战。

二、买不到口罩等防护用品很焦虑，怎么办？

“买不到口罩的，大家可以先买一辆宝马、奔驰、奥迪、保时捷，救救急，车的后备厢里有个急救包，里面有3M的N95口罩。买口罩送豪车！”调侃的背后是对“一罩难求”的真实写照。阳阳忍不住叹息这段时间与口罩“若隐若现”的“缘分”，1月10日，逛街时因自己当时还没有意识到疫情的严重性，与10块钱3包的医用口罩“擦肩而过”。1月22日，朋友圈纷纷囤积口罩，而当阳阳去楼下药店时发现普通医用口罩已经售罄，更别说抢手的N95口罩了。1月25日，本地报告第一例新冠肺炎确诊病例后，阳阳开始线上线下搜索买口罩的渠道，而此时作为万能购物平台的某宝早已停止发货，他把自己家方圆5公里以内的所有药店都问了一遍，什么口罩都没了……阳阳慌了，开始难过自责：为什么10号看到口罩不买？为什么22号不多去几家药店？连续好几天阳阳只要早上睁开眼睛就开始搜索购买口罩的渠道，然而仍然一无所获，这使得他焦虑不已，做梦都是自己躺在N95口罩堆里的画面。

除了口罩，84消毒液、医用酒精等也纷纷告罄，进入紧俏商品行列。可能有很多像阳阳一样因买不到口罩而困惑焦虑的人，但大家细想一下对待在家里不常出门的我们来说，对口罩的需求其实并没有那么迫切，我们抢购口罩等防护用具不过是为了缓解疫情引发的种种不确定带给自己的恐慌、焦虑罢了。

在疫情面前，我们面临着太多的不确定：不确定自己会不会被感染、不确定疫情何时能过去等，但买口罩等防护用品的消费行为是众多不确定因素中少有的确定因素。一方面，焦虑将引起欲望的增加，这种欲望很多时候可以通过购物、囤积得到满足。另一方面，购买防护用品还可以增加控制感，我们无法控制疫情如何发展，但是我们能控制买口罩等预防行为，控制感可以在一定程度上缓解焦虑，正如大家常说“做点什么总比坐以待毙要好吧”。所以，如果你或者你的家人在这段时间总是执着于抢购一些不一定能用得上的东西，甚至还因为买不到而焦虑，这时候你要关注一下自己或他们的情绪状态了。那么，当疫情来袭，如果因买不到口罩等防护用品感到很焦虑，我们能做点什么呢?

第一，梳理基本防护措施，了解各种防护用具使用范围，看看自己真正需要什么。

很多人认为只有 N95 口罩能防御病毒。但事实上，医用外科口罩可以阻挡 70% 的细菌，N95 口罩可以阻挡 95% 的细菌。钟南山院士说过，普通人日常生活中的防护，不一定非要戴 N95 口罩，一般的口罩，如医用外科口罩等能阻挡大部分带有病毒的飞沫进入呼吸道，在公共场合够用了。疫情防控期间，普通民众主要通过居家、勤洗手、多通风防控病毒，即使购买了大量的防护用具，也不一定都能用得上。因此，建议梳理一下必须要采用的防护措施，然后根据需要计算一下到底需要多少防护用品。你或许会惊讶地发现，现有的防护用品已经绰绰有余了!

第二，物资紧缺时节约使用或二次利用。

如果发现防护用品真的不够，怎么办呢？节约使用、二次利用是较好的选择。

以口罩为例，首先，减少出门可以直接降低对口罩的需求。其次，如果口罩表面没有任何破损、没有沾染污渍，鼻条部分可以继续使用，也没有被戴着去过易感染病毒的场所，口罩就可以二次使用。但要注意，再次使用的口罩需单独存放，悬挂在清洁、干燥通风处或将其放置在清洁、透气的纸袋中，不要随便清洗，也不可使用消毒剂等进行消毒。

目前，很多地方已经推出了通过线上预约、定时摇号、网上销售、无接触配送的形式预约购买口罩，大家可上网搜索进行预约。

第三，保持良好的生活习惯，提高免疫力。

除了口罩等看得见的防护用品外，保持良好的生活习惯，提高免疫力是自我防护的关键。

三、亲友确诊后感觉整个世界都不好了，怎么办?

“封城”和“禁足”让2020的春节假期显得格外与众不同，李薇薇倒也觉得寒假在家待着挺好，清闲自得，顺便把以前没来得及看的影视剧都“恶补”一下，唯一遗憾的是春节不能走亲访友，尤其是见不到几个高中好友。可是，随着疫情的蔓延，被感染人数越来越多，自己所在的城市确诊人数每天都有增加，而疫苗和特效药还尚未被研制出来，隐隐不安的感觉在心中弥漫开来。一天早上，李薇薇听说妈妈的一个在医院上班的好朋友被确诊了，顿时觉得心被揪了一下，很难过。然而，两天后李薇薇听到的消息让她彻底地慌乱和恐惧，感觉整个世界都不好了——高中同学王勋一家人因为家庭聚餐全部被感染。李薇薇万万没有想到，原来病毒就在身边，一个不小心可能就被感染了！接下来的几天，李薇薇再也感觉不到看剧的兴奋，彻夜失眠。以前总觉得死亡离自己很遥远，还有大把时光可以挥霍，现在感觉自己就处在灾难的边缘，担心有一天会被卷到灾难的漩涡中心，万劫不复。

这段时间，相信我们对疫情的关注有增无减，虽然每天新闻上都有报道因病去世的人，可当这一切真真切切发生在自己熟悉的人身上时，才感觉死亡离我们是如此之近。那么，当自己身边的人感染了新冠肺炎，我们应该如何缓解焦虑和恐惧情绪呢?

1. 尽量减少出门，做好自身防护

如果自己和家人都没有接触史就安心待在家里，不出门就不会给病毒接触自己的机会。如果实在要出门，一定要按照科学的防护措施做好自我保护，回家后记得消毒、洗手。

2. 减少对负面信息的关注

接触大量的负面消息，会让我们产生一种错觉，那就是这个世界正在变得越来越危险，我们面临的威胁越来越大，这样不利于我们渡过难关。不要过多地关注疫情的负面信息，不信谣、不传谣、不造谣。

3. 尝试做放松训练

感觉自己处在焦虑之中无法走出的人可以尝试以下放松训练。

（1）腹式呼吸法

腹式呼吸的本质是通过吸气将横膈膜下压，增加肺部过气量，扩大肺下部的舒展空间，腹压增强对腹部脏器产生了自然的按摩作用，具体做法如下：

①吸气：身体仰卧或坐姿，把一只手放在腹部肚脐处，放松全身，先自然呼吸，然后吸气，最大限度地向外扩张腹部，使腹部鼓起，胸部保持不动。

②呼气：腹部自然凹进，向内朝脊柱方向收，胸部保持不动。最大限度地向内收缩腹部，把所有废气从肺部呼出去。

一呼一吸掌握在 15 秒钟左右，每次训练做 5~15 分钟，做动作的同时播放舒缓轻柔的音乐可以达到最佳效果。

（2）蝴蝶拍心理稳定化技术

蝴蝶拍，顾名思义就是像蝴蝶一样拍打着翅膀，又好像我们在自己拥抱和安慰自己。蝴蝶拍可以促使身心恢复平静，进入一种“稳定”的状态，它是一种寻求和促进心理稳定的方法。从生理学角度讲，这个练习对身体进行双侧刺激促进信息加工，激活副交感神经，从而使情绪稳定，获得安全感和愉悦感等积极感受。具体操作如下：

①想象记忆中一个美好的画面，并去感受那种美好的体验。

②双臂在胸前交叉，右手在左侧、左手在右侧，轻抱自己对侧的肩膀。

③双手轮流轻拍自己的臂膀，左一下、右一下为一轮。

速度要慢，轻拍 4~12 轮为一组。

4. 寻求情感支持

作为社会性动物，情感支持在一个人的生活中是非常重要的，我们虽被“禁足”，但也需要与他人建立联系。在自己情绪不稳定时，可以跟自己的家人聊一聊，或者给亲朋好友打电话，寻求安慰。若他们的陪伴无法让自己的焦虑情绪得到有效缓解，一定要记得寻求专业心理咨询人员的支持。

5. 建立积极期待

要主动关注疫情中的积极事件。虽然新冠肺炎的传染性很强，确诊人数上万，但是全国上下万众一心，众多医务工作者坚守在一线，争分夺秒救治患者，很多志愿者顶着恐惧和焦虑在各自的岗位上抗击疫情，甚至全世界各地的华人、华侨和国际友人都在为中国和武汉加油。我们一定能够共克时艰，打赢防疫阻击战。我们应该给予被感染的亲友信心，鼓励他们战胜病魔，相信他们会平安健康!

四、家里人总是偷偷溜出家门，怎么办?

儿时的刘一鸣每到寒假最期盼的是回农村老家和爷爷奶奶一起过年，而随着城市化进程加快，现在村里居住的人已经很少了，基本上都是些上了年纪的人，对年轻人来讲，回老家过年也越来越没有年味了，爸爸决定今年将爷爷奶奶接到县城的家里一起过年，这让正在省城一所职业学校读书的刘一鸣格外高兴。爷爷答应到县城里过年，但一定要过了初七就回去，因为不习惯城里的生活。尽管这样，刘一鸣还是觉得好多了。

可谁都没想到，因为新冠病毒的袭来，大年初一开始就被要求足不出户，这可把爷爷憋坏了，他老人家在农村住惯了，一出门就是开阔的院子，能呼吸到新鲜空气，他每天都要到村头溜达一圈。虽然家人每天都跟爷爷说外面不安全，疫情很严重，爷爷还是趁大家不注意就溜出去，回来还说自己只是在小区转转，一点事都没有，家人很无奈。随着疫情蔓延，刘一鸣所在的县城已确诊1例新冠肺炎，小区的管控更加严格，最多两天出去一次，而且必须携带通行证。

一天上午，爸爸出去买菜，妈妈接到社区管理员的电话，说爷爷在小区门口跟管理员吵架，嚷着说自己戴口罩了就没事，非要出去。幸亏爸爸及时回来，化解了冲突，不然爷爷就被强制隔离了。更重要的是，爷爷一点都不知道自己的行为有什么不妥，还大声叫嚣病毒不会感染自己，小区管理员小题大做。爷爷每天都想方设法要出去溜达一会儿，全家人对此都着急上火。

很多时候年轻人跟长辈交流都会体验到一种“代沟”，因为他们始终坚持着“我吃的盐比你吃的米多”的旧观念，任晚辈们如何劝说都没有用，反而会弄巧成拙，加重他们固有的观念，紧接着他们会用一切行动证明自己的想法是不容置疑的。刘一鸣的爷爷大概就是这样，小区越是管理得严格，他就越想出去，越觉得自己是正确的，这是典型的逆反心理。逆反心理是指人们彼此为了维护自尊，而对对方的要求采取相反的态度和言行的一种心理状态。老年人的逆反心理一定程度上是因为知识的匮乏以及对自己权威的维护。遇到这种情况，就需要我们在与老年人交流的过程中拿出更多的耐心和诚心来表达自己的孝心。

那么，在疫情袭来的紧急关头，老人不听从防疫要求时，具体应该怎么做呢?

1. 摆明关心老人的立场

孔子曾曰，孝在于“色难”。在与家里老人说话时，应该注意语气，不要随便给老人“甩脸色”，甚至大声呵斥或者指责对方来强调自己的观点，这样会加剧老人的逆反心理。在劝说老人的过程中，我们首先要摆明自己关心老人的立场，表达自己对长辈的关切之情，不要直接否定老人。

2. 让老人认识疫情的严重性

很多时候，老人之所以无视我们的劝说，很大一部分原因是对疫情的了解远远不够。他们知道战争年代拿着刀枪上战场的危险，能理解原子弹的爆炸让一座城市瞬间夷为平地，但是，他们不了解看不见的病毒对生命的威胁远比枪炮更恐怖。我们可以通过电视上的新闻报道，让老人了解当前国家在抗击疫情的过程中付出的努力，医务人员冒着生命危险在第一线救治重症患者，而我们能做的很简单却很重要，只需要足不出户。想想那些因为侥幸心理出去聚餐，结果导致全家被感染的例子，多么令人痛心和惋惜！老人在充分了解这些之后，一般不会不顾自己，甚至不顾家人的安全而一意孤行的。

3. 满足老人的心理需求

想想刘一鸣的爷爷之所以要出去，很重要的原因是在家里闷、无聊，如果家里的人都在拿着自己的手机看剧、看视频、微信聊天，那爷爷一定会觉得孤独和无聊，因为他觉得与年轻人的生活格格不入。研究表明，老人会出现诸多的心理问题，常见的有失落感、自卑感、孤独感、固执感、怀旧感等负面心理，加上人们不理解、不够尊重，因而表现出极大的文饰性、内向性和封闭性。如果对外界环境产生不信任感，就不可避免地产生逆反心理。作为晚辈，我们应该适当地关注老人的情感需求，在家的空闲时间，陪老人下盘棋、练习太极拳、聊聊天、听老人讲过去的故事，让他感觉到自己在家有存在感、归属感，而不是年轻人的一种负担。

人际篇

一、如何应对无法聚会的丧失感?

2020年1月中旬，期末考试终于结束，张萌从学校回到家，开心地期待着寒假的生活。张萌2019年6月高中毕业，原本一起奋斗的小伙伴们现在都分散在全国各地，大家好久没见面了。现在终于放假，可以有机会和好伙伴聚一聚了。想到这些，张萌内心激动不已，提前在网上和好几个小伙伴约好过年去看贺岁档电影、陪朋友过生日。张萌是个手机重度依赖者，每天关注微博，当看到武汉出现了疫情，她便有些担忧了。刚开始的几天，每天都叮嘱家人出门要戴口罩，做好自我保护。然而没过几天，确诊病例数与日俱增，武汉遭紧急“封城”，各种新闻接二连三，令人猝不及防。

张萌的高中同学在微信群里问，大年初一的电影还能去看吗？要退票吗？张萌有些迟疑，一方面很想见伙伴，另一方面她自己内心也没有底，难以估计疫情到底多严重。正当她犹豫之际，很多电影退出了春节档，各大娱乐场所也暂停营业。春节期间，从国家到社区，都在呼吁禁止出门聚会、走亲访友，居家休息才是为国为民做贡献。就这样，张萌心心念念的几场同学聚会，随着疫情的扩散，也不了了之了。

可能很多同学都会有跟张萌一样的感受，想要出门玩耍，却

只能待在家中。想要与好友相聚，怎奈病毒肆虐。待在家中的我们，就像是困在笼中的小鸟，渴望自由，渴望蓝天白云相伴，渴望同其他鸟儿共鸣。时间长了，便有一种说不出的感觉。在心理学中，这种感觉属于一种丧失感。疫情面前，我们该如何面对这种想聚而不能聚的丧失感呢?

1. 认清感受，接纳自我

丧失感，是一种对失去的感受。丧失分为明确丧失和模糊丧失，区别在于是否知道丧失的客体。面对不同的情境，丧失感的强度也是不同的。当我们面临生死的时候，那种丧失感无法言表，痛苦至极。而面对日常生活中的平凡琐事，我们也常常会有失去的感受。例如，现在疫情防控期间，我们无法出门逛街，无法与朋友聚会玩耍，无法与亲人聚餐交流，甚至与恋人相隔两地无法见面，这些都是社交活动被剥夺带来的丧失感，可能会让我们感到空虚、无聊或无所适从。丧失感是一种很重要的情绪体验，我们需要了解有丧失感是非常正常的情况，说明我们对丧失的东西或者人非常看重。当丧失感出现的时候，我们可以学着接纳它，不要排斥它的存在。

2. 理解情绪背后的需要，给情绪留有空间

心理学家萨提亚提出过著名的冰山模型，从这个模型中可以看到，在我们的情绪感受表层之下暗含着很多期待和渴望，我们

的感受代表着不同的内心需要。那么在丧失感中，大家可以看到自己的哪些内心需要呢？无法聚会的丧失感，其实反映的是我们对关系的需要。我们每个人都不是独立存在于这个世界上的，需要与其他人产生或多或少、或深或浅的联系，这些关系的重要性我们平时可能并没有察觉，但是一旦失去，才发现它对我们有多么重要。无论是马斯洛需要层次理论还是戴西的基本心理需要理论，都认为人有社交的需要、关系的需要。我们无法聚会，失去的是与朋友交往带来的归属感。因此，我们要看到丧失感背后的心理需要，了解自己的内心声音，给情绪多存留一些空间。

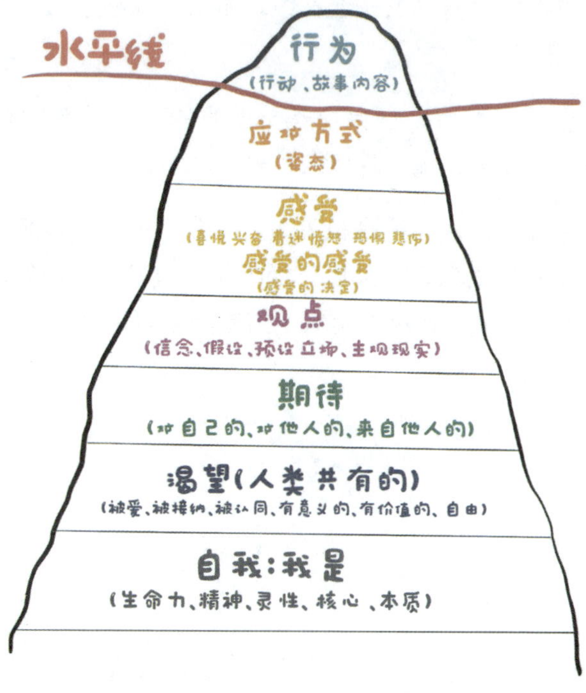

3. 转换方式，拥有归属

在看到情绪背后的需要之后，要思考可以通过哪些途径帮助我们满足这些需要。受限于外界条件，当前可能确实没有办法通过外出聚会来获得归属感和联结感，但是我们可以转换方式，通过其他的途径来满足内心的需求。下面给同学们提出几个小建议。

（1）可以经常与朋友在网络上聊天或视频通话，分享时事新闻、娱乐八卦、日常动态等。

（2）可以经常与朋友一起在线玩游戏、在线学习、在线运动等。

（3）可以云聚会，各自准备一些食物，约好时间进行群视频，大家一起谈天说地、聊理想和未来。

疫情是暂时的，情谊是长久的。待在家中，不妨充分利用网络与亲朋好友联络感情。最后，希望同学们记住，丧失感不是坏情绪，它其实是我们内心对关系、对爱的渴望。

二、被爸妈“嫌弃”得体无完肤，怎么解脱?

“当放假第一天在家，你会看到热情的老妈，她会不停地‘儿子’‘闺女’叫着，问你‘吃啥’，让你误以为自己很伟大；放假三天后，你会看到平静的老妈，她说‘把毯子给我拿来，再把碗给我刷了，想要吃啥去问你老爸’；等到放假五天后，你会看见恐怖的老妈，她会‘起开、还睡，别烦你老妈……’”正在看着手机里这个小视频的李玫频频点头，心理念叨这不就是我妈的真实写照嘛！

李玫在外省的一所技工院校上学，只有寒暑假才有机会回家。在家第一周，生活很愉快，想吃啥有啥，熬夜不起床，是家里的小霸王。在家第三周便开始有了转折：“别天天看手机，早点睡觉，也不知道看看书。”“对了，你之后打算怎么办？是专升本还是直接找工作？你的专业毕业后好找工作吗？”面对连环发问，李玫心想好日子到头了，过完年赶紧回学校吧。结果未料到，新冠肺炎疫情来势凶猛，学校推迟开学，不准返校，改成线上教学。这要在家待多久啊，李玫表示很无奈，已经被爸妈“嫌弃”得体无完肤了。

跟李玫一样的同学们，大家都深有感受吧。那么，我们该如何面对父母的“嫌弃”呢？有以下几点建议想跟同学们分享。

1. 认清主次矛盾，找出问题根源

在家庭治疗中，有一个概念叫家庭三角，意思是父亲、母亲和孩子构成了家庭三角，如果一方关系发生变化，另外一方关系也会受到影响。在家庭中，一般母亲承担着大大小小的家务，在家庭里参与度比较高，而且女性相较于男性在情感表达方面更多一些，所以我们听到的多是来自妈妈的唠叨。那么问题来了，当被妈妈“嫌弃”的时候，我们该怎么应对呢？建议大家可以先观察一下自己父母之间的关系，看看父母有没有闹矛盾，或者妈妈是不是在生爸爸的气。通常在家庭矛盾中，妈妈有时候会把对爸爸的情绪转移到孩子身上，使孩子成为替罪羔羊。此时，或许妈妈表达的“嫌弃”也是在表达对爸爸的不满。因为妈妈在家里做家务比较多，平时她还可以少干一些，现在大家都待在家里，她的工作量自然加大了，她其实很想得到丈夫和子女的帮助，但是她不直接表达，而是用“嫌弃”你的方式间接表达了。其实她的“嫌弃”包含着希望你可以帮助她的意思。所以这时候，我们要理解妈妈为什么这么唠叨，然后更好地接受妈妈的情绪，帮助妈妈做些事情，让妈妈感受到被理解与尊重。这样，我们就可以从心理上摆脱被“嫌弃”的感觉。

2. 了解爱的表达方式，重新解读“嫌弃”

有心理学家提出爱的五种语言，即肯定的言辞、精心的时刻、接受礼物、服务的行动和身体的接触。每个人都有自己表达爱的方式，或许父母的“嫌弃”，就是他们向我们表达爱的方式。在很多父母的眼中，爱就应该去做，他们为我们提供学费、生活费，为我们创造良好的物质环境。不擅长表达的他们，将所有的爱都融入到一点一滴的行动中。说不出甜言蜜语，倒不如唠叨几句，他们的唠叨中也传递着对我们的关心和在乎。我们长期在外上学，好不容易回到家中，父母总是想跟我们多说说话，因为他们很在意我们。所以，试着多理解一下父母，或许他们只是不善言辞，虽然话不中听，但是爱意满满。

3. 给一个合理的理由，行动起来

想想被爸妈“嫌弃”的都是什么事情？自己也尝试着“配合”一下父母，学习与他们沟通和相处。例如，被“嫌弃”不做家务，不如试着学习做家务，就当锻炼身体，为父母分担一下。我们已经长大了，不能总把自己当成不懂事的小孩子；被“嫌弃”总看手机，那就试着减少看手机的时间，毕竟盯着屏幕太久，自己的眼睛也不舒服；被“嫌弃”总不起床，我们也要尝试着理解妈妈的好意，她是为我们的健康着想，让我们按时吃早饭，那就试着早起几次，享受一下美食和清晨时光。面对爸妈的“嫌弃”，让我们给自己一个合理的理由，积极改变自己。

这段时光逝去便不会回来，让我们珍惜和父母相处的美好时光，一起看看小时候的照片，一起健健身，一起畅想未来。

三、与老师（班主任）如何正确沟通？

突如其来的新冠肺炎疫情彻底终结了小明悠闲的寒假。随着疫情的日趋严重，学校要求每名同学详细报告健康情况，班主任李老师每天督促学生填写“学生寒假外出及身体情况统计表”“学生假期情况统计表”“学生离京信息统计表”等，各种表格纷至沓来。现住址、是否外出、返京日期等，每个表格都有20多项内容需要填写，此时小明的内心发出这样的感慨：“我的天呐！”不仅如此，李老师又要求大家每天上午10点前汇报身体情况，以接龙的方式完成。虽然李老师反复叮嘱，但小明经常把班主任的话忘到九霄云外，尤其是接龙的第一周，一睁眼12点了，一看手机显示有20个未接电话、10多条微信，都是来自于李老师。

这段时间，小明每天在家“自我隔离”，响应国家号召，用实际行动抗击疫情，不聚会，不串门，尽量不出门，不给国家添乱。本来长期“宅”在家里无法出去玩耍已经很郁闷了，再加上天天被李老师“追踪”询问各种情况，小明对老师只剩下一种想法——“老师真烦”！

这次疫情导致全国人民都被迫“宅”在家里，班主任老师每天对学生及家人的防疫情况进行统计，包括“谁去过武汉”“哪位同学有与疑似人员、确诊病人接触的经历”“每天的体温是否正常”“家人亲友是否有发热症状，是否出现发热、乏力、干咳、呼吸困难等症状”等。其实，班主任老师们每天统计汇总、传达上级指示并贯彻落实，是因为他们把学生的安全放在第一位，只是每天烦琐的填表、接龙工作，不可避免地让处于舒适假期的学生感到麻烦。进入职业学校后，同学们不再像小学和初中时那样，视老师为至高无上的权威，而是有了更多自己的看法。很多同学害怕和老师进行交流，感觉跟老师沟通不畅，甚至拒绝与老师沟通，对学校、老师产生了抵触、厌烦情绪。然而，疫情过后，同学们终将返回学校，重新面对老师。学生属于学校的一员，日常学习和生活中总是有老师的参与，与老师相处得如何，对学习成绩好坏、校园生活是否愉快甚至能否正常毕业都有着直接的联系。因此，我们来学习一些方法，帮助大家处理好和老师的关系。

1. 尊重老师，按要求完成任务

老师在我们的成长过程中发挥着不可替代的作用。疫情当前，班主任老师统计学生的健康情况，这背后意味着对你的关心和对学校以及社会的责任。因为疫情突如其来，我们大都没有准备，且疫情变化规律我们也还没有了解清楚。现在的这些统计其实在某种程度上也是对疫情的监控，对人群整体状态的了解。然而有些同学不回微信群信息，导致信息收集较迟，还有些同学警惕性不高，瞒报漏报，导致信息错漏，耽误了老师完成其工作任务。我们需要尊重老师的工作，按时按要求完成任务。如果大家有一些好的建议能够更高效地统计数据，不至于“如此麻烦”，也可以主动联系老师，协助老师的工作。

2. 换位思考，理解老师的工作

我们可以试着学习换位思考：“如果我是老师，面临当下的工作要求，我会怎么做？”或者从老师的角度理解学生的心情：“如果我是老师，也知道这些表格必然会让学生感觉到厌烦，但是不得不做，我应该怎么办？”其实每个人填写这些表格只需要动动手指，但是如果有人没有填写，老师就要打电话询问，给老师带来巨大的工作量。当你站在老师的位置上换位思考问题时，你就不会那么抗拒。疫情当前，领导一个通知，所有老师就要端坐在电脑前开始视频会议。教育部要求停课不停学，学生们的假期是延长了，而老师们可都在家里不停地开会、备课、上课。尤其是班主任老师，他们既要准备课程，还要负责班级管理工作。我们可以主动从老师的角度认识和理解面对的问题，从而化解自己觉得“老师真烦”的想法。

3. 主动沟通，共筑师生情感的桥梁

和谐的师生关系中，学生不应仅是被动地“应付”老师，而应主动与老师交流、沟通。你可以试着把老师当作自己的朋友，把自己学习和生活上的困惑跟老师主动交流。老师可以成为你们成长路上的引路人，相信老师会帮助你们解决很多问题。即便有一些问题老师不能及时解决，至少也可以给你一些建议。希望同学们积极主动地与老师沟通交流，建立信任、友好、人格平等、相互尊重、教学相长的师生关系。

四、跟小伙伴线上没有可以聊的了，怎么办?

过年回家，原本安排好了会见亲朋好友的行程，却因为疫情全部取消。起初王硕不是很在意，虽然不能相约吃饭，不能同去看热门电影，不能聚众欢歌，但是线上聊天也能够与朋友们交流感情。大年初一，王硕用视频和亲朋好友拜年，看着屏幕那一边的亲友，虽然相距遥远，但是大家的心都相互牵连在一起。大年初五，王硕与朋友们开启了视频群聊模式，一起聊着疫情，共同“吐槽”在家的无聊。一晃就正月十五了，疫情却丝毫没有缓解的迹象，开学的日期一延再延。日子一天天地过去，这个时候，王硕有点想念和朋友们在一起玩耍的时光了。可是，经过这些天的在线交流，曾经与好友无话不说，现如今却渐渐变得越来越无话可说了。王硕自己也纳闷:“为什么聊几句对方不回了？”“为什么聊天还没开始就结束了？”

疫情防控期间，线上交流成为大家主要的社交方式之一，而网络社交的优缺点也在这一阶段充分显露出来。首先，网络社交的最大优点是便捷性。通过网络，我们可以随时随地与朋友交流沟通，仅仅通过一个链接，便可以与他人共享信息，节省了很多沟通成本。然而，网络社交存在浅层化、碎片化和低效率的缺点。现实生活中的对话通常是人与人之间一句句对话的紧密连接，但社交网络中的对话和互动却是断断续续的，经常出现一个人在不停地说、另外一个人却说得很少的现象。所以人们会觉得，网络社交会让我们获得更多萍水相逢的朋友，但却很难加深稳固友谊。

那么可以做些什么来打破这种线上沟通的局限，让朋友之间不再无话可说呢?

1. 培养阅读习惯，留心生活故事，积累谈资

与人聊天，话题是必不可少的素材。同学们需要有意识地根据当下生活和学习的需要，积累有可能会用到的话题，也就是常说的“积累谈资”。加强阅读、关注生活就是积累谈资的两个主要途径。然而，大多数人的问题，并不是没有阅读或观察生活，而是没有把看到的内容转化为自己的谈资，因为很多我们看过的信息都会被碎片化的编码方式记忆。所以，无论我们接收到多少信息，它们都只停留在记忆的浅层意识上，很难被转化为谈资。所以，在阅读和记录生活故事时，可以尝试着有意识地将所反映的观点、解释和例证找出来加以整理记忆，这样有助于将阅读和经历转化为谈资。建议大家从收集大多数人都感兴趣的话题和整理自己感兴趣和擅长的话题入手练习。

2. 提高沟通技巧，与“尬聊”说再见

聊天很像打乒乓球，正在聊的话题就是那只球，你跟你的交谈对象就像那两只球拍。只不过我们追求的不是“赢”，而是不

让“球”掉地上。如何做到不让“球”落地，就是要对对方有好奇心，关注对方的话题，学会开放式提问。下面提供两个公式供大家参考。

（1）关键词＋好奇心提问。

甲：你今天干吗了?

乙：看了纪录片《未至之境》。

甲：我没看过啊，这是讲什么的啊?

乙：讲野生动物的。第一集是《大熊猫帝国》，大熊猫特别可爱。

甲：听你这么一说我都忍不住马上要去看了。我看完了之后我们一定要交流啊。你在哪找的片源啊?

……

（2）找优点＋赞美＋请教。

甲：看我今天做的蛋糕!

乙：哇塞，看着很不错呀！赞一个！我每次做的时候最后都会塌，你放酵母或者泡打粉吗?

甲：我觉得还是要放的，我今天没放，也是有点塌。

……

除了开放式提问，学习网络社交规则、学会倾听、学会赞美、精简语言、不攀比等都是需要加强的聊天技巧。

3. 制定共同目标，让沟通有意义

除了在聊天技巧上下功夫，稳固友谊、提高亲密度是更治本的方法。社会心理学家研究发现，我们倾向于喜欢在态度、兴趣、价值观、背景和人格上和我们相似的人。因此，通过开展一些共同想完成的活动，不仅可以提高相似性，还可以找到话题，增进友谊。可以试着与一个朋友约定一起在一个时间打卡健身、共同阅读一本书、共同看一部电影。不妨试试这些方法，提升自己，也增加你们友谊的深度吧！

学习篇

一、假期可以学什么？

阿林假期本来打算好好放松一下，疫情突然袭来，无处可去，前几天看到即将毕业的学长学姐在朋友圈抱怨实习怎么办？春季招聘会怎么办？阿林对毕业充满忧虑，心想自己也应该未雨绸缪，利用假期安心好好学习。想到这儿却又挠头了，天天看专业书肯定会让他昏昏欲睡，在家里到底学点儿什么才好呢？

这次疫情让全国的大中小学生突然都有了更长的假期，在多出来的假期中如何更好地安排自己的时间是大家共同面临的问题，怎样安排好休闲、学习、生活、运动、社交等活动值得好好研究一番。当我们将空闲、时间安排得更为妥当时，心里会感到踏实些，一些同学会自然地将“学习”当作抵御焦虑的好对策。心理学上将这种防御机制称为“升华”，是指潜意识中倾向于通过运动、听音乐、阅读、学习这些积极的活动来防御负面情绪。

大家不妨尝试以下方法，用“升华”的方式让自己的假期变得充实起来。

1. 阅读充电

平常如果没有整块时间阅读，现在是个好机会。长时间不读书怎样才能重新燃起读书的热情呢？这里推荐一部 5 集系列纪录片《但是还有书籍》，它由演员胡歌配音，每集 25~30 分钟，以书为题材，从编辑、二手书收藏者、绘本作家、书本设计师等群体的视角来讲述书籍那些让人不得不爱的故事。

另外，有些同学困惑要怎样才能从浩瀚书海中找到自己心仪的那本？推荐樊登读书、得到等 App，通过讲书人的理解与概括带你初识一本书，有助于在短时间内高效率地获取这本书的精髓，如果通过导读让你对某本书产生了深入阅读下去的兴趣，那就直接下单买回来读吧！

读书不仅可以拓宽我们的知识面，还会让我们对人生、世界的理解和看法更加全面直观，可以尝试了解一些跨文化、跨行业的门类来打破“次元壁”，通过人物传记借别人的人生作业“抄一下”；进入自然科学的世界，回归自然本真与严谨辩证；探求前沿科技到底怎么引领人类发展……

除了上面说到的，大家还可以用喜马拉雅 App 听书，看一些博主分享读书心得，参与线上读书会等，与同学们一起分享阅读的收获与乐趣！

2. 成为烹饪业余爱好者

一场疫情，让全民变大厨。大家在不能叫外卖、不能去餐馆的时候，钻研烹饪技术，在朋友圈每天发布自己研制的各种“试验品”，津津乐道。下面介绍几个简单的“美食家”速成法。

（1）会吃、想吃、爱吃是烹饪的一大内部动机，鼓励大家由内而外爱上美食，可观看纪录片《舌尖上的中国》。

（2）关注美食料理方面的微信公众号和软件，学习制作快手美食。

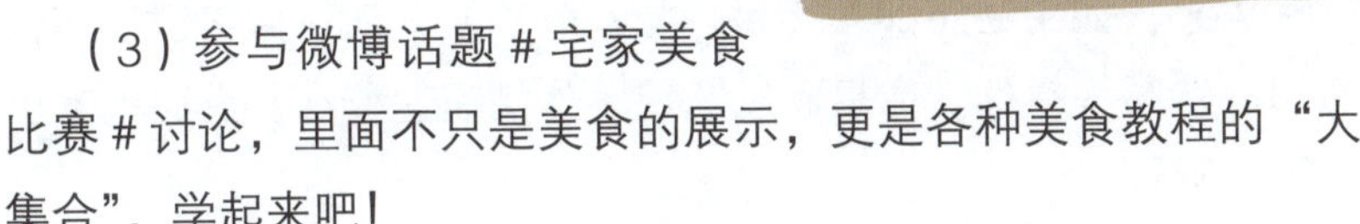

（3）参与微博话题 # 宅家美食比赛 # 讨论，里面不只是美食的展示，更是各种美食教程的“大集合”，学起来吧！

3. 掌握“人生整理魔法”

居家这段时间，应该好好收纳整理自己的生活空间。日本人在这方面有一些不错的创意，推荐观看 Netflix 拍摄的近藤麻理惠的《麻理惠的整理秘诀》真人秀节目，它会让你知道收纳是门科学而不是玄学，她将家中所有物品分门别类，按照服装、书籍、文件、生活用品、各类杂用物品、礼品、家具等类别整理收纳，在对物品的取舍上完美体现了“断舍离”，整理不仅是对房间物品的收纳，还是对生活不良态度的改善，可以促进身心健康，提升幸福指数。

4. 制作短视频

“宅”在家给躺在床上看短视频提供了天然“温床”，我们也可以利用这段时间学习制作短视频。首先挑选视频内容，可以是幽默搞笑、美妆、音乐、科普、游戏、宠物、日常、美食（上面提到的烹饪课程学会后就可以作为短视频的素材）；其次是视频剪辑，入门的话直接使用几个好用的软件一键搞定，如 Quik、Vue Vlog，如果还想加入字幕、配音等功能，还可以尝试使用快剪辑、快影等软件。你想通过短视频作品表达什么，大胆地剪出来展示吧！

5. 自学专业课

在这里给大家特别推荐“中国大学慕课网”（https：//www.icourse163.org/）。该网站与599所高校合作，可以免费学习名校名师精品课程，大家能想到的专业几乎都可以找到相应的课程，如计算机、经济管理、工学、艺术设计、医药卫生、农林园艺、教育教学、心理学、外语等。疫情防控期间热门课程限时两个月免费开放，想要学习专业课的同学们千万不要错过！

当然，以上给大家推荐的只是一小部分，我们还可以学习小乐器（卡林巴、尤克丽丽、口琴）、英语、书法、办公软件、绘画、无器械运动等，通过学习来提升我们的核心竞争力，疫情之后，让我们华丽转身！

二、怎样积极参与到网络直播课的学习中去?

疫情刚刚开始时，和所有关心疫情的同学们一样，阿龙也时刻关心着每天变化的数据，当然还有“悬而未定”的返校日期。春节后，学校正式通知延迟开学，但是“停课不停教、不停学”，全体学生要在家远程学习网络直播课，阿龙的心情一下变得复杂起来。一方面，在家躺着上课的愿望终于实现了，阿龙想着自己下半年的实习马上就要来临，静心学习准备也好；另一方面，虽然这网络直播课听起来挺高科技又与时俱进，但是实际操作起来有太多阻碍，阿龙有点担心自己学不进去。这么对着屏幕一整天，同学们反映不但没什么实质性的收获，反而眼涩、脑涨、颈肩酸痛，浑身不适。让人更郁闷的是，家里的网络状态很不稳定，听课的时候把老师和同学一个个都卡成“表情包”，严重影响听课效果。

学校启动网络直播教学对学生、老师、家长都是新的尝试，这样的方式能否完整地呈现教学过程、达到预期的教学效果，对所有人来说都是未知数。尽管科技可以让直播课程声画实时传输，但是学生的接收效果却无法保证。外界干扰、自制力不足、学习动机不强等主客观因素都会影响学习效果。那怎样才能更好地参与到网络直播课的学习中去呢？大家可以参考以下几种做法。

1. 工欲善其事，必先利其器

在上直播课之前，先做好充分的准备。如果网速不流畅，上网课期间尽量将其他需要网络的设备关闭，避免直播时网络卡顿、声音断断续续等情况发生。另外，一定要腾出能够保证上课期间相对安静、不会被打扰、适合学习的独立空间，最好是收拾整洁的书房，需要的课本、资料、笔、本子以及水等在开课前放在书桌上。戴好耳机，避免外界干扰。

2. 耐心适应，聚焦问题

我们在面对新事物时总是需要花费一定的时间和精力来适应，刚开始上直播课因为操作不熟练无法登陆、找不到视频播放地址等都可能产生焦急、烦躁、无奈、没有耐心等负面情绪，我们要学会接纳此时的情绪，理解自己烦躁的心情其实是因为想要更好地完成学习任务的期望没有得到满足。因此，要积极肯定自己对学习认真负责的态度。另外，在疫情严峻的形势下，网络直播的上课方式对大家来说是最适用的，需要我们聚焦困难，逐个击破。在自我调适过程中积极反映问题，学会主动寻求帮助、寻找资源。

3. 强制分离，远离干扰

上课期间，将干扰自己听课的手机、平板电脑等设备直接收起来，空间上的远离可以简单粗暴地实现降低干扰的目的。如若必须要用到手机，有一些手机软件可以在规定时间内将手机锁定，这也是在功能上使我们与电子设备分离开来的好办法。特别推荐大家使用“番茄工作法”，体验专注学习的魅力后还能感受到“番茄”丰收的成就感。

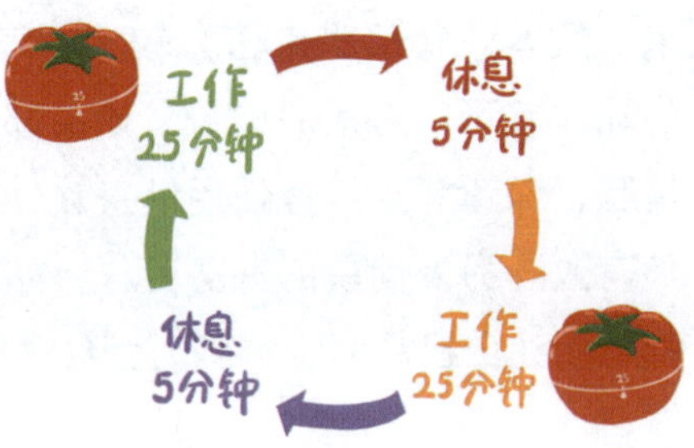

4. 自主探究，深度学习

可能有些同学因为对老师的讲授方式不感兴趣而学习效率降低，这时应该从学习动机入手，将知识获取的途径与内容分开来看，对课堂内容的实用性重新进行评估。当然，大家必须清楚的是，教学大纲中该课程的设置对专业学习是有利的，对专业成长的作用不言而喻。因此，当我们无法从老师那里获取完整的学习内容时，就需要我们从自主探究并进行深度学习的角度来弥补，可以尝试搜索与该课程配套的参考书目、网络资源，补充网络课堂的不足，习题练习或者实践可以更好地促进对知识的掌握。此外，积极参与和同学、老师的互动，围绕学习内容和问题的讨论与思考有助于进一步加深对知识的掌握。

5. 劳逸结合，适度放松

长时间在电脑前伏案学习对身体的危害比较大，尤其对颈肩、腰背、臀部肌肉压力较大，每天应至少活动 30 分钟，简单的动作就可以激活肌肉群，如头部画“米”字、弓背起伏、卷腹摸膝、深蹲等。推荐使用健身软件，跟随视频音乐一起来做会更加有效。另外简单的家务劳作，如扫地、拖地、洗碗、洗衣服等都可以让自己从紧张的脑力劳动中放空一会儿。

除了上述方法，同学们还可以尝试采取外部监督、制定目标清单、自我反思与评价等方法帮助自己完成网络直播课学习。

三、对自己所学专业产生了动摇，怎么办?

小付是导游专业高职一年级的学生，2020年1月22日，他带着一个由38人组成的旅游团抵达厦门，将旅游团交给地方导游后终于长舒了一口气：接下来的8天时间基本上不用操心游客，自己也可以尽情地玩了！小付在读中职时已经考取了中文初级导游证，利用寒暑假兼职已经带了多个旅游团。他高职的目标是再拿两证——中文中级导游证和英语导游证。然而，2020年1月24日凌晨，鼓浪屿景区因为疫情要关闭的消息传来，小付一下子有点懵。刚到达目的地就撤团是他从未遇到过的情况，确认过信息后他开始联系旅行社安排返回事宜，期间还要不断与游客解释，更有游客表示全家好不容易都有假期，无论如何都要按原计划进行旅游，不然就要全额退款……

在各种抱怨、谩骂声中，小付压着肚子里的火气带着旅游团平安回到了出发地，但他再也不想经历第二次，甚至以后再也不想当导游了。在这次带团出发前，他就关注了新冠肺炎的信息，在跟旅游团首次见面时，游客们还都满不在乎地嚷嚷着跟他们没什么关系。小付想想觉得真是有点讽刺，一开始自己不相信大家所说的导游是一种吃力不讨好的职业，现在深以为然。他从班级群里找到班主任曾发过的转专业申请通知，但是要换什么专业却十分茫然。

这次疫情打破了很多学生对自己所学专业的已有认知，他们像小付一样，因为疫情经历了由所学专业带来的直接冲突和打击，开始怀疑自己是不是选错了专业。例如，医护类的学生在看到前辈同行们作为“最美逆行者”，一个个奔赴抗疫前线的时候，一方面为自己身为未来医护行业的一员而骄傲，另一方面内心深处也有些许担忧和惶恐，全力付出、救死扶伤是使命所在，但保护自己、平安归来也是家人所盼！导游和旅游管理等相关专业的学生眼看着自己的假期实践计划落空，纷纷担忧自己将来找不着工作，有一大批导游从业者更是在疫情中被作为重点关注的对象，因职业给家人也带来了诸多不便。物流类专业的学生表示毕业以后虽然不一定是快递员，但看到寂静的马路上只有快递员和外卖小哥的身影时，心底里的孤单与无助油然而生！

针对有些同学对自己所学专业产生的动摇，甚至想要返校后转专业的情况，大家可以按照以下步骤进一步明晰自己的想法。

1. 调整情绪，平和心态

疫情几乎给所有行业都带来了不同程度的冲击，各类交通工具停运，大街上除了超市和药店等保证基本民生的店面仍在营业之外，其他的店面都处于关闭状态。这是疫情带来的暂时的特殊状态，并不会持久，不必因此而过于悲观。另外，疫情对行业发展带来的冲击也促使我们进行深入的思考，让我们有机会看到事情的另一面，从而更加深刻地审视自己所学的专业。

2. 重视想法，逐步明晰

如果这次疫情确实让自己对所学专业产生了动摇并且想转专业，请一定拿起笔记录当下的想法，很有可能会因为这个选择让自己的人生出现拐点。调查发现，通常学生想要转专业的原因主要包括内在和外在两个部分，内在原因指专业兴趣（自身兴趣爱好的坚持）、专业难度（个体掌握专业知识的难易程度）和专业认同（学生对本专业的认同感和价值感）等方面的个体因素；外在原因包括就业前景（所学专业的就业形势和发展前景）、父母期望（父母对自己专业的态度和看法）、社会舆论（社会大众及媒体对所学专业的态度）和人脉关系（学生家庭背景和人际关系对所学专业的推动）等方面的家庭、社会因素。在深入了解现学专业和意向专业的基础上，为了更方便大家归纳总结、梳理思路，可参考以下表格逐项进行评估：首先按照每个考虑因素的比重大小按照 0~10 打分，得到原始分数，然后将原始分数乘以权重系数（权重系数即自己认为的该因素的重要性，分数越高表示该因素越重要），获得权重分数（示例中原始分数为黑色，权重分数为红色），最后按列将 7 个因素的权重分数进行加和就得到了每一个意向专业的总分，进行比较后便可以得出自己最倾向于学习的专业。

考虑因素（权重系数）可选专业	算法示例：导游	现学专业：______	意向专业 1：______	意向专业 2：______
专业兴趣（2）	8×2=16			
专业难度（1.5）	7×1.5=10.5			

续表

考虑因素（权重系数）可选专业	算法示例：导游	现学专业：______	意向专业 1：______	意向专业 2：______
专业认同（1）	8×1=8			
就业前景（2）	6×2=12			
父母期望（1.5）	8.5×1.5=12.75			
社会舆论（1）	6.5×1=6.5			
人脉关系（1）	7×1=7			
总分	72.75			

3. 挖掘资源，理性决策

在上述表格中算出各项的分数之后，清楚的数字让有些学生可能觉得大功告成，可以做决策、下定论了。其实，这样做决定还是有些草率！大家还可以进一步寻找资源，深入了解一下自己现学专业和意向专业在难度、对口职业以及就业情况等方面的差异，可借助网络平台、从事相关专业的亲友、已毕业校友的采访等进行详细挖掘。最后一定要跟父母深度沟通，让他们接受并支持自己的想法，理性地做出决定。

疫情让很多同学对现学专业产生了“动摇”，但却让同学们待在家里“动弹”不得。趁有空，有相应困扰的同学不妨“动一动”，答案可能就很明了了。

四、担心疫情影响实习成绩、正常毕业，怎么办？

小文是一名即将毕业的专科生，她在校读的是酒店管理专业。按照学校的要求，这一学期她需要完成3个月的毕业实习。2020年1月10日，学校课程结束后，她已经到达学校对口联系的一家位于苏州的四星级酒店并开始实习。疫情暴发后，酒店基本处于停业状态，实习被迫中止。为此，她十分担忧，按照学校的规定，毕业实习是非常重要的一门实践课程，不参加或者未完成毕业实习肯定是无法正常毕业的。毕业前还有很多任务需要完成，疫情使很多企业招聘会都被迫推迟了，小文更担心的是无法正常毕业，错过各大酒店的招聘而无法就业。

小文只是2020年几百万名应届毕业生中的一员，如何顺利完成实习、正常毕业可能是他们共同担忧的事情。那么，我们应该怎么认识、分析和应对这个问题呢？

1. 了解当前政策

（1）2020年2月12日，在国务院联防联控机制新闻发布会上，教育部发言人明确表态，针对寒假期间大学生到企事业单位实习做出了全部暂停的要求，同时要求各高校根据实际情况制定适当减免实习学分的政策。教育部会密切研判形势，根据疫情的变化，适时做出有关毕业论文、毕业设计和答辩时间的相关要求和具体安排。

（2）各省文件也已下发。陕西省教育厅发出通知，要求妥善安排教学实践环节，对于因疫情不能按时返校学生的课程实验、校内教学实习等教学环节，学校应在学生返校后进行合理补课。黑龙江省教育厅要求妥善安排实践教学活动，按照毕业就业时间不推后的目标要求，研究在不返校、不见面的前提下，创新毕业论文（设计）的开展形式。四川、河南、山西、山东、浙江等地也出台了相应文件，回应学生及家长的关切，缓解学生及家长的焦虑情绪。

2. 分析现实问题

国家“把疫情防控工作作为当前最重要的工作来抓，就是因为人命关天，人民至上”。宋代诗人曾觌有云：“但愿身长健，浮世拚悠悠。”告诫人们要保持健康的身体，人生打拼的路还很长。疫情结束之前，毕业实习可能是2020届毕业生共同面临的问题，如果按照计划无法完成，预计学校会根据教育部的政策，实施减免学分或者返校后增加安排校内实习实训学时来解决这一问题。

回想到17年前“非典”时期，那一年不少应届毕业生还没有从人才市场中寻觅到希望，疫情又给他们增添了更多的烦恼：一些实习不得不取消，一些单位的用人计划不得不延后。当年没有微信、没有微博，人与人之间的交流大多还是靠电话来完成。“非典”疫情前后持续了近8个月，当年的毕业生对于实习、毕业等问题的担忧程度比现在更甚。最终，我们依靠自己的力量战胜了病毒，在各级政府的努力下，毕业生的就业问题得到了较为妥善的解决。

因此，不必过度担忧，发生在个人身上的忧虑也是党和政府的关切，跟你情况相同的有几百万人，相信党和政府会采取有力措施来解决毕业生所面临的问题。

3. 积极应对“延迟”

毕业实习是毕业前最重要的课程之一，是为了减少直接就业所带来的心理冲击而为大家提供的重要缓冲期。参加毕业实习，意味着要将所学的理论知识付诸实践，意味着可能需要去到远方，也意味着自己走出校园开始真枪实弹“顶岗”操练。

对于学校而言，实习是人才培养质量的检验台；对于学生个人而言，实习是全方位考察综合素养的试金石。另外，有调查显示职业学校的学生在实习过程中普遍存在由于离开家庭和学校的约束而产生自我放纵心理，缺乏沟通能力而带来的人际困惑等问题。

在延迟或中断实习的这段时间里，大家在等待学校出台相关调整政策的同时，可以跟老师、上届学长、已经认识的实习单位领导取得联系，向他们探讨自己在打算从事的岗位上应该如何

做，将探讨的结果总结形成文字分享给亲朋好友。根据班杜拉社会学习理论，虽然暂时无法参与实习取得直接经验，但是可以通过上述方式，获得质量更高的间接经验。

五、如何有效规划未来的职业生涯?

刘宇是一所职业学校师范专业的学生，即将面临毕业。从小在农村长大的他曾立志做一名优秀的小学教师，可是城市留给他的机会实在是太少了。如何才能做一名合格且深受大家认可的小学老师，怎样才能成为一名负责任的老师？疫情这么严重，这半年该如何做才能让自己赢得更多的机会？刘宇陷入了沉思……

相信很多技工院校毕业生，在现阶段都会遇到类似的问题。疫情之下，随着闲暇时间的增多，大家对未来可能也有更多的思考。那么如何利用这一段居家的空闲时间，去有效规划未来的职业生涯呢?

大家不妨从以下几个方面入手来尝试解开职业生涯发展的难题。

1. 客观分析目标职业环境和认知自我

趁着这段时间做一些有针对性的调研工作，设计几个主题，对目标职业的工作环境进行充分了解。大家可以上网搜集一些信息，人才招聘网站、贴吧、论坛都可以成为信息的来源地。尝试建立自己的职业生涯支持系统，联系相关职业的朋友、学长，还有近在眼前的父母，请他们提供一些真实有效的职业相关信息。信息主要包括岗位说明、工作内容、任职资格、工作条件、发展前景以及岗位缺陷等。

客观的自我认知是个人能力得到充分发挥的前提。对自己评价过高、过于自信，或者评价过低、过度自卑，都是对自己评价的错位，必然使自己与客观现实之间存在对接上的误差，不但难以使自己的能力得到充分施展，而且还易遭受挫折。通过网络，可以尝试运用 MBTI 职业性格类型分析法对自己的性格特点进行界定，确定自己的职业性格类型，从而大致了解自己适合从事的职业。

2. 培养良好的工作习惯和做事习惯

（1）学会管理时间。准备一个时间日志，把每天的任务列好清单，限定完成任务的时间。也可以和几个朋友相约，群内打卡每天的任务完成情况。时间管理技术的倡导者史蒂芬・柯维主张“以终为始”，这样的训练会使自己看起来训练有素，未来的职业生涯中将会比其他人效率更高。

（2）重视整洁及秩序。整洁、高效和未来的工作是密切相关的，未来的自己很可能会因为混乱和丢失信息而浪费很多的时间。从现在开始，整理自己的房间，把重要的东西放在一个较为固定的地方，顺便收拾自己的家，舍弃一些看起来几乎无用的东西，让自己周遭的环境整洁且有秩序并努力保持。

（3）学会休息和放松。试着在这个阶段，培养 1~2 项个人兴趣，用于未来紧张工作之外的放松和休闲。例如，可以下载一个围棋教程，学习围棋；或者练习毛笔字，既文雅又有意义；抑或认真地学几首好听的流行歌曲，为以后的公司聚会做准备。事实上，很多努力工作并在职场上取得成功的人都有着广泛的兴趣爱好。

3. 强化自我效能感

很多技工院校的学生常常自怨自艾，妄自菲薄，说自己不是学习的料，只上了个技校，与那些高考中跃过龙门的本科生不是一个档次。有的学生甚至认为技工院校根本就不是高校层次，自己根本就不是大学生，等等。这种评价一旦出现，必然会降低对自己的要求，对个人能力的发展有百害而无一利。

对于技工院校的学生而言，在个体进入职场生涯的过程中，是否具有高水平的自我效能感是关键的第一步。而自信又和自我效能感密切相关。那么自信如何建立？自我效能又如何提升？下面有几种方法供参考。

（1）评估个人成就，欣赏自己的优点。趁着居家这段时间，为自己准备一份成就清单。成就可以是任何自己曾参与其中并扮演重要角色的重要事件。

（2）学习专业知识。居家这段时间，需要坚持学习，为今后

有效解决问题做丰富的储备。平时核心课程的专业书籍不妨拿出来读一读。

（3）进行积极的自我对话。在自己顺利完成任务的时候，说一些积极的话语鼓励自己。

返校篇

一、返校前应该做好哪些心理准备?

2020年是不平凡的一年，受疫情的影响，各省市教育部门要求各级各类学校延期开学。小瑞作为一名英语专业的学生，本来计划在假期内好好学习，准备专业英语考试，但是突如其来的新冠肺炎疫情把假期变得比想象中还要漫长，考试也因疫情而推迟。小瑞开始渐渐感到无聊，丧失了在学校时的规矩，整天躺在床上看电视剧，学习时感觉注意力也没有办法集中，想学习但是又学不下去，在家里还总是遭到妈妈的“嫌弃”。原本还因为不能出门而郁闷，但时间长了也就慢慢适应了这种“宅”生活：除了按时出现在电脑旁听网课，似乎每天也不用思考明天是星期几。这样“岁月静好”的生活状态持续着，直到有一天，小瑞接到了学校通知：“由于新冠肺炎疫情已经得到有效控制，请各专业各年级学生分阶段有序返校。”

在接到学校的返校通知后，小瑞有一种终于可以回到学校学习、可以去食堂吃饭、可以去社团参加活动、可以在教室而非直播间见到老师的兴奋与期待。但与此同时，他感到一丝不安，习惯了疫情防控期间自由生活的他不知道该以怎样的心态再回归正常的校园生活。这一学期的学习进度已经被严重耽误了，是不是暑假就没有了？万一还存在感染，我回去后不幸被感染了怎么办？思虑着这些，小瑞联系了班上的其他同学，结果发现大家都

与他一样，对返校后的校园生活有一些迷茫。

由于疫情发展的不确定性，很多同学都经历了心理上的烦躁与不安。长期被“困”在家中有限的活动范围后，同学们的身体和心理状态可能已经发生了很大的改变。在返校前的这段时间，你可能会像小瑞一样感到迷茫。你可能既期待又排斥回归学校的生活。也会有很多疑问：回去后的生活会与原来一样吗？可能有哪些不同？我该如何做准备？

现在给大家介绍几种心理建设方法，希望可以帮助像小瑞一样的同学做好相应的心理准备。

1. 评估自我状态，提前应对

新冠肺炎疫情给整个国家、整个社会带来了改变，也从情绪、生理、思维、行为等多个方面对我们产生了影响。经历了疫情带来的“停课不停学”的生活模式，骤然返校，回归正常生活，我们可能存在各种各样的不适应。这些不适应可能包括见到许久未见到老师、同学，对回归集体生活的陌生感；长期不规律的作息后再次回到规律时间表生活的不适感；对于疫情仍未消散的担心，害怕仍然存在危险等。首先我们要明白，这些不适应都是正常的，我们需要提前做好应对。

2. 做好时间管理，调整状态

有研究表明，情绪稳定、锻炼身体、平衡膳食有促进心理健康的作用。返校之前，同学们要从饮食作息、情绪状态上积极调整自己，找回正常的生活规律，对自己的日常生活事件和时间进行管理，以尽快适应学校有规律的学习生活。建议大家列一个令自己感到愉悦的计划清单。平日你一定知道做什么事情会令自己开心，列出来，执行它。例如，写日记和博客，和好朋友玩一些不费脑子的课间小游戏，参加户外运动，看一部富有正能量的电影，与同学或老师聊天等。

不如先定个闹铃，从明天开始早起吧！

3. 创造积极期待，保持希望

漫长假期结束，又要面临与家人的分别。多与家人交流自己在返校之前的感受，与家人一起收拾返校所需要的物品，制造一种返校的“仪式感”，提前感受并适应返校的氛围。可以为自己经历的这个不平凡的假期写一个小总结，盘点一下自己这段时间的收获。此外，我们还可以与好友、同学分享自己这段时间的感悟和对返校后的期待。在与他人互相支持、互相鼓励的过程中，促进自我心态的积极调整。

希望上述方法能够帮助各位同学顺利度过假期与返校的过渡期，用平和、积极的心态迎接校园生活。

二、担心疫情仍未消散，不敢返校，怎么办？

“怎么还不开学，疫情总是这样严重，孩子的学习怎么办？”“疫情现在基本上控制住了，应该很快就要返校了吧？”最近几天，晓宇的耳边一再响起爸爸妈妈的对话。虽然知道爸爸妈妈是关心自己的学习，可是晓宇总是忍不住担心疫情仍未消散，即使学校要求自己返校，自己也不敢回校。

这一天，他收到了班主任在群里的通知：“一周后开课。”当天夜里，晓宇做了个梦，在梦中，班主任在微信群里告知爸爸妈妈返校的时间，然后爸爸妈妈把所有东西都整理好，开开心心地把自己送出门，但是自己却徘徊在家门口，既担心出门被传染，又觉得不去学习对不起自己和父母。这种对自己的期待、愧疚和害怕，压垮了在门口来回走动的晓宇。晓宇突然大哭起来，爸爸妈妈闻声跑了过来，叫醒了晓宇。

在父母的耐心安抚后，晓宇向父母表明了自己这段时间的担忧：“就算疫情现在都被控制住了，谁能保证学生开学之后不会被感染，我真的不敢在学校和同学们接触，不敢去学校……”说着说着，晓宇再次哽咽起来。

晓宇的这种状态在心理学中属于“压力应激反应”的一种。当我们身处于一个压力性环境（例如经历重大社会创伤，如

SARS 疫情、地震、新冠肺炎疫情等），就会引发一系列的身体反应，如出现失眠、作息异常、记忆力下降、头晕、胸闷等，这是正常人应对突发事件的正常反应。通常情况下，这些反应会随着时间推移逐渐缓解。如果过了很久还是没有好转，并影响到日常生活和人际关系，那么就可能是陷入过度的“应激反应”了。这时我们需要努力调整自己，并在需要时寻求专业的心理援助。

如果你也像晓宇一样对疫情存在担心，不敢返校，可以尝试以下几点建议。

1. 正视情绪，疏解担忧

疫情给普通民众的日常生活带来了一定的冲击，我们开始恐惧人群密集的场所，仿佛有人的地方就是病毒的滋生地。很多同学可能会有晓宇这种迟迟无法消散的担心与害怕，担心被感染，甚至对自己的身体状况产生怀疑。这些情绪在疫情最初的时候能够保护你，帮助你躲避病毒。然而，如果一直都持有这些想法和情绪，时间久了，会让自己感到不舒服，反而束缚了自己的行动。面对这种情况，我们要正视情绪带给我们的困扰，并且积极寻求途径疏解自己的情绪。如跟父母、朋友多聊一聊，尽量少看与疫情相关的新闻，做一些令自己感到开心的事情。

给大家推荐一种“快乐源泉小瓶子”的方法，你可以根据自己的实际情况，对瓶子进行颜色填充，按照你的快乐程度进行涂鸦，例如你非常喜欢晴天，就可以将“晴天”瓶子涂满。

2. 了解现状，科学预防

学校是疫情防控重要阵地，如果政府和学校通知返校，一定是根据疫情做出的科学判断，说明疫情已经被控制住了。所以我们要相信学校，相信政府，相信科学。结合实际情况，配合学校的要求，在返校过程中和返校后做好安全措施。做到科学预防，例如每天戴口罩、用酒精消毒、分时段在食堂就餐等。

3. 自我鼓励，循序渐进

对自己进行积极的鼓励暗示，相信“我能行”，通过调节自身的状态去适应外界的环境来获得控制感。如每天早上对着镜子说出“疫情已经被控制了”，多告诉自己“我可以应付它”“这会是一段很重要的经历”“我不能让焦虑和愤怒的情绪占上风”。

给自己一些时间，慢慢地与疫情说再见，如进行户外活动，试着与亲戚和朋友面对面聊天，多看一些喜剧、电影等，逐渐开启疫情后的全新生活状态，为返校做准备。

另外，如果感到自己存在心理困扰且无法自我调适时，可以主动向班主任和所在学校的心理老师进行求助。在返校后的日常学习生活中，记住所在学校的心理咨询中心的联系方式和工作时间，必要时可以拨打 24 小时心理热线电话，主动求助，帮助自己缓解情绪。

尽管疫情给我们带来了很多困扰和担忧，但是要相信疫情终会结束。让我们用勇气战胜恐惧，用信心打败疑虑，以积极乐观的心态迎接未来正常的学习生活！

三、一个人待久了，怎么感觉不会正常说话了?

自从“宅”家“躲”病毒后，小奇已经很长时间没怎么跟其他人说话了。算下来，一周内和爸妈说话的时间加起来可能也不超过10分钟。小奇平时本来就不爱说话，爸妈也没有特别在意，平时都任由他独自待在自己的卧室。然而，当班主任打电话过来问小奇在哪里，是否健康时，小奇磕磕巴巴半天说不出来，嘴上只有“嗯……啊……”的支吾声。他分明想得很清楚自己想说的话，却怎么也说不出口。老师还误以为小奇可能在隐瞒什么，电话里的语气有点生气。小奇又气又恼，感觉自己不能正常说话了，有点担心开学后跟老师同学无法交流。

小奇的这个困惑，其实很多同学也有。不光是学生，就连平时讲课滔滔不绝的老师在进行线上教学时，也连连卡顿。同小区以前一起玩的小伙伴，现在偶尔出门取快递见了，也是隔着几米远点点头，感觉戴上口罩的我们都不会打招呼了。疫情下的频频“失语”，是正常的现象吗?

事实上，如果一个人长时间不说话，的确会引起语言功能的退化。当然，按照我们目前待在家的时间来看，倒不至于失去语言能力。但是人类是社会性动物，我们需要通过语言来沟通。而疫情之下，长时间一个人待着，脱离了以往的社会互动环境，与朋友也渐渐没什么可以聊的了。即便是上网课，也只有被老师叫到才需要发言，大多数时间只是一个人沉默地听课。随着疫情逐渐好转，同学们距离返校的日期越来越近，我们准备好面对许久未见的老师与同学们了吗?

如果你觉得一个人待得太久，说话变得没那么“利索”了，可以从以下几个方面去尝试改变现状。

1. 审视自己，发现问题

如果你因为疫情而产生恐惧、焦虑，或者因为浏览各种疫情信息而陷入到深度忧虑状态，不愿意说话，抑或是对一些部门所采取的措施表示不满，不愿意听到家人谈论与疫情有关的话题，从而拒绝与他人交流。在这种情况下，同学们需要调整情绪，平复心情。具体做法可参考本书“情绪篇”的内容。

此外，有些同学本来就很少跟家里人交流，喜欢一个人待着，这种情况不必担心。但如果你是因长期不说话而感觉到“憋得慌”，之后又变得“懒得讲话”，那么就需要注意了。这时候你需要积极地做出一些改变，给自己主动创造说话的环境。

2. 寻找资源，创建环境

长时间不说话的人，会更容易沉浸在自己脑海中的世界，而不是眼前所见的客观世界。他们在与人面对面的交流中容易走神，不知不觉就陷入自己的思绪。在这种状况下，我们可以积极寻找可利用资源，尽可能多地与人交流。像案例中的小奇，可以积极参与家庭中的对话，主动开口说话；我们也可以主动找老朋友，约好时间打电话或视频，不要觉得打扰对方，跟同样孤单的人聊天是会受到欢迎的，聊聊彼此在疫情中的生活小事，还可以增进相互间的感情。

觉得这些办法实施起来仍然有困难者，可以玩一些手机App，如配音秀，用自己的声音演绎自己喜欢的影视剧，还会体验到强烈的成就感。还可以尝试着朗读一些文学作品、英文短文，或者学习唱一些自己喜欢的歌曲。实在不行跟手机智能助手对话，对话内容可以是家长里短、学习就业、古今中外，甚至疫情防控时况，手机智能助手都会在第一时间进行回应。

3. 记录过程，总结经验

每天晚上睡前可以记录一下白天与别人说话交流的情况，包括说话对象、说话内容和持续时间等，简单评价自己的表现，坚持一周可能就会看到很大的进步。当然，有些同学可能不会很顺利，在跟别人尝试交流的时候还是会出现“话在舌尖却说不出来”的现象。这时候大家一定不要气馁，也不要过分担忧，进行总结分析，敢于改变并付诸行动，一定会有效果的！

总的来说，暂时性的“不会说话”不用太担心，毕竟我们“宅”的时间也不是很长，一时半会儿大脑是不会让“说话”这么重要的社会功能完全受损的。只是待在可以不“开口”的环境中，大脑也给嘴巴“放了假”。不过，可不能长时间“偷懒”哦！

四、如何迅速融入快节奏的学校生活?

受新冠肺炎疫情的影响，2020年的寒假比往年要长得多，而且大多数人都只能待在家里，不能外出。小刚和大多数人一样，整个寒假都没有出过家门。然而，他一点都不觉得闷得慌，因为他放假在家可以随心所欲地放纵自己：每天睡到自然醒，起床第一件事就是计划着一天的娱乐活动，吃点爱吃的零食，看看电视剧，约上同学一起玩网络游戏，或是逗逗家里养的宠物狗。小刚沉浸在闲适的假期生活中，不知不觉迎来了开学。

然而，刚回学校的小刚却觉得非常难受，上课听不进去，吃饭食欲不振，一天到晚无精打采，思想经常开小差，怀念快乐的假期时光，无法融入快节奏的学校生活。小刚不仅精神状态不佳，身体状态也不太理想，感觉全身乏力，像是得了感冒一样。小刚很想快速调整自己，融入学校生活，然而总是力不从心。

其实，很多同学都会有类似小刚的这种情况出现，这些在假期结束之后开学之始所表现出的一种明显不适应新学期学习生活的非器质性的病态表现，心理学家称之为开学综合征，或者开学恐惧症。开学综合征有多种表现形式，生理上多表现为失眠、嗜睡及一些查无原因的头晕、恶心、腹痛、小便失禁、疲倦、食欲不振等；在心理上则多表现为记忆力减退、理解力下降、厌学、焦虑、上课走神、情绪不稳定等。心理医生认为这些表现都是人潜意识的心理防御机制将一些不愿面对的、不认同的、被压抑的、不愉快的负面情绪转换成一些躯体症状而造成的，并会持续一段时间。

开学综合征有五种易发学生群，即心理素质低且适应能力较差的学生、在学校经常受到老师批评的学生、学习成绩不好的学生、对新环境不能很快适应的学生以及一些过于追求完美的学生。而易出现开学综合征的学生大部分曾在学习或其他活动中有过挫折经历。开学综合征会使学生不适应学校的生活，从而造成上课听讲分心、学习效率降低。

测试一下自己是否有开学综合征：

●是否对刚过去的假期感觉意犹未尽，对假期中发生的事也念念不忘？

●是否感觉今天虽然上学了，但也无心学习，做什么事都提不起精神？

●是否感到人虽回到了熟悉的校园，但却突然有种陌生的感觉，对学习产生了厌恶情绪？

●长假期间是否整天与手机、电脑为伴，最近感觉头重脚轻、头晕目眩？

●是否晚上超兴奋，翻来覆去睡不着，早晨起不来，白天无精打采？

●是否假期经常吃大鱼大肉，饮食不规律，最近又变得胃口很差？

●最近是否出现感冒发烧、牙龈出血等病症？

●是否一想到又得天天面对课业就产生害怕的情绪？

●是否什么也不想干，上课铃一响就心烦，就想快点下课？

●是否坐在教室里就像丢了魂，做事情丢三落四？

对于以上问题，你有多于5个问题的答案为“是”，那么你要警惕可能有开学综合征了。有开学综合征不用怕，这是正常现象，需要一个过渡期，下面几个方法教你如何克服或缓解这种心理。

1. 提前进入状态

最好在开学前几天制定一个和学校生活接近的作息时间表，按时起床、饮食，给身体一个缓冲和调节的过程，保证开学后有旺盛的精力投入到新学期的学习中。

2. 合理作息

上课没精神，食欲不振，早晨起不来，这所有的症结，归结为一点，就是睡眠的问题。睡好了，精神才能好，精神好了，食欲和学习状态才能跟上身体的节奏。有些人在假期习惯了晚睡晚起，如果开学前没有提前改变作息，刚回学校还需要一段时间调整生物钟，这个时候一定要学会自律，按时睡觉，保证充足的睡眠时间。

3. 合理安排饮食

多吃些易消化的食物，避免过冷、过硬、过辛辣的食物，多喝水，少吃或不吃零食，减轻肠胃的负担。多吃富含粗纤维的食物和绿色蔬菜，补充多种复合维生素、矿物质，加速身体的新陈代谢，帮助胃肠道恢复健康。

4. 适当运动

不要长时间坐着，经常出门活动，呼吸一下新鲜空气。可以在有条件的情况下进行适当的有氧运动，在运动中调整精神状态，帮助身体消耗一些能量，重新获得元气。适量运动有助于更快适应生活节奏的改变，身体的舒展也会让你感到神清气爽。

5. 制订计划，分清主次

给同学们介绍四象限时间管理法则，分清主次，合理安排时间。把任务按照重要和紧急两个不同的维度进行划分，可以分为四个象限：既重要又紧急、重要但不紧急、不重要但紧急、不重要且不紧急。

1 既重要又紧急	2 重要但不紧急
3 不重要但紧急	4 不重要不紧急

第一象限为既重要又紧急的事情，需要立即去做，如每天完成当日布置的学习任务等。第二象限为重要但不紧急的事情，需要有计划地去做。这些事情虽然暂时看起来不紧急，但如果不处理的话随时都会发展成为重要而且紧急的事情，例如考试复习，需要提前制订计划，持续推进。第三象限为不重要但紧急的事情，如老师临时派给自己一个任务，或者学生会紧急开会、举

办活动等，这些事情可以适当拒绝，或者交给其他的学弟学妹来做。第四象限为不重要且不紧急的事情，如玩游戏、看微博等，这些时间完全可以腾出来，做对自己重要的事情。

五、如果出现针对湖北省内学校毕业生的就业歧视，怎么办?

小新是一名来自湖北的高职毕业生，因为新冠肺炎疫情暴发导致实习计划落空，不料假期又格外漫长。往年这个时候，同专业的学长工作已经定了，而自己未来的命运还没有着落。小新内心发着愁："这回武汉太倒霉了，湖北省也跟着遭殃，感觉全国都给湖北贴了个标签。现在连出省都费劲儿了，到各地都被贴上禁令，更别说去大城市工作。"

小新担心的这些是就业歧视问题。就业歧视是指没有法律上的合法目的和原因而基于种族、肤色、宗教、政治见解、民族、社会出身、学习方式、性别、户籍、残障或身体健康状况、年龄、身高、语言等原因，采取区别对待、排斥或者给予优惠等任何违反平等权的措施侵害劳动者劳动权利的行为。《人民日报》2020 年 2 月 9 日发表文章《隔离病毒不隔离爱，别让就业歧视造成二次伤害》指出："疫情导致的地域歧视问题还会在更多方面体现出来，如节后的人才招聘、劳动力就业等。"但是，不可否认的是，就业歧视的问题很难从根本上得到解决。如果真的遇到我们应该怎么办呢?

1. 要正视现实

受制于各种现实的因素，即使有法律规定，就业歧视的问题也不可能完全根除，我们需要摆正心态。如果真的遇到因为用人单位存在的认知偏差而导致的就业歧视，要客观理性看待，并不是“自己做错了”，所以不要一味地否定自己。

2. 分析成因，看清本质

根据上文中对就业歧视原因的分析，我们首先要了解这些歧视的本质就是用人单位也面临巨大的竞争压力，他们也期待招聘到有实际工作能力、素质高、不给自己的组织带来风险的优秀员工。尽管这种歧视反映了用人单位的认知偏差，但是很多同学可能陷入了“假”就业歧视，“真”能力不足的情况，将求职不成功的原因归到用人单位歧视上。因此，不论面对何种情况，实力才是硬道理。

电影《隐藏人物》根据真人真事改编，反映了在 20 世纪 60 年代美国社会对于黑人工作者的歧视。故事中的三位黑人女性用卓越的能力证明了在不公平的境地，实力和成绩是最有力的反击，也最能让自己得到真正的认可和尊重。而这是将主动权掌握在自己手中的最有效办法。试想，当你的实力超越其他候选人，让用人单位求贤若渴、欲罢不能的时候，就业歧视将不攻自破。

3. 主动面对就业歧视，站在用人单位的角度来提出解决方案

站在用人单位的角度——他们的担心可能不会宣之于口（也

就是基于自身规避法律风险的原因，不可能对求职者明确说明因为你的地域而不予以录取）。如果我们推测他们可能存在这样的担心，主动出击，用各种方式证明自己的身体健康是很好的做法。例如，出示医院体检报告，或者使用任何方式来证明这期间你没有到过湖北而且身体正常。

4. 用法律武器保护自己

就业歧视分为显性和隐性两种。隐性的歧视可能在了解到求职者的地域之后通过提高门槛、找别的原因等方式拒绝求职者，这种歧视很难识别，只能通过主动站在就业单位立场上提出解决方案、增强自己的竞争力等方式来应对。

而当出现显性的地域歧视时，如招聘启事、人事通知中有明显的证据显示出地域歧视，我们可以拿起法律武器保护自己。《中华人民共和国劳动法》第 12 条规定，“劳动者就业，不因民族、种族、性别、宗教信仰不同而受歧视”。《中华人民共和国就业促进法》第 62 条规定，“违反本法规定，实施就业歧视的，劳动者可以向人民法院提起诉讼”。

疫情总有一天会过去，歧视的问题却是一个长期历史问题，而实力才是硬道理。与其担心可能你不会遇到的现实，不如利用宝贵的时间充实自己、磨炼自己，让自己从众多的候选人中脱颖而出。

思考篇

一、疫情留给我们对人与自然关系的思考是什么?

随着新冠肺炎疫情得到有效防控，我们的心情逐渐平复下来。在平静中，我们不禁思考，疫情除了带给我们恐慌和不安，还试图告诉我们哪些信息？不知道你是否想过以下问题：为什么人类一次又一次地遭受病毒的侵袭？在医疗如此发达的今天，面对病毒我们为何如此被动？人与自然应当如何相处？

1. 人类为何屡遭病毒侵袭?

流感病毒来源于鸟类，这些病毒原本感染的是鸟类的消化道，由于人类呼吸道细胞表面的受体和鸟类消化道细胞的受体非常接近，经过“突变”的病毒就会危害人类呼吸道。让我们谈之色变的艾滋病病毒中的HIV-2，是由西非“白顶白眉猴”自身携带的某种病毒演化而成。因为猎人在捕杀过程中不可避免地遭到咬伤，或者处理猴子尸体时接触到含有病毒的血液而感染到人类。曾经肆虐阿拉伯地区的中东呼吸综合征，由MERS（中东呼吸综合征冠状病毒）引起，其病原体为埃及墓蝠，再由骆驼、绵羊、山羊和猫科动物间接传染给人类。

非法交易、食用野生动物是滋生病毒感染的危险源。正是人类自身的贪婪，造就了对野生动物的非法猎捕、运输和经营。太多人抱着“没吃过的都要尝一尝”或猎奇或炫耀的心理，其背后往往促成了更多的杀戮。然而在捕捉、运输、储存及销售野生动物的过程中，人类都不可避免地会接触到动物活体，存在被细菌、病毒感染的风险。更何况，野生动物交易多是通过非法地下途径，没有经过卫生检疫，存在巨大的安全隐患。

2. 面对病毒，我们为何如此被动?

2003 年，SARS 病毒一时肆虐亚洲，令很多人记忆犹新。然而，SARS 病毒后来去哪儿了？其实人们并没有消灭 SARS 病毒，只是 SARS 病毒自己消失了而已。事实上，人类至今为止消灭的病毒只有天花，还是偶然发现患有牛痘的挤奶工可以躲过天花，才通过接种牛痘让人体对天花病毒形成了免疫。消灭病毒，唯一的方法就是研制疫苗。但是太多的病毒，人类无法研制出相应的疫苗，甚至不知道如何有效抗击，只能通过人类自身免疫系统抵抗，或者使用退烧药、人工辅助呼吸、抗病毒药物等间接方式缓解病毒对人体的危害，同时利用控制传染源、隔离患者、掐断传播途径等方法减少病毒的扩散。

《病毒星球》一书中有这样一句话：“下一次，再有某种病毒从野生动物身上转移到人类身体内，很可能还会引发大规模疫情，而我们完全可能对致病病毒一无所知。”历史的预言竟如此准确，2020 年，新冠病毒悄然而至，我们对此也确实是一无所知。而面对自然，人类有太多的无知，需要用一颗敬畏的心来看待，随时准备着探究这些可能威胁我们生存的物质。

面对病毒一次又一次地“造访”人类世界，人类只能被动地应对，每一次疫情带给我们的都是冷冰冰的死亡数字。或许这些病毒存在的意义，就像宫崎骏的动画片《风之谷》中描绘的隐喻一样：有朝一日，病毒将大部分自然侵蚀，而人类却在夹缝中艰难生存。如果人类过度开发自然，那么自然也会用保护自身的方式来报复人类。希望人类不要成为大自然的敌人，要理解生命，敬畏自然，与自然和谐共生。

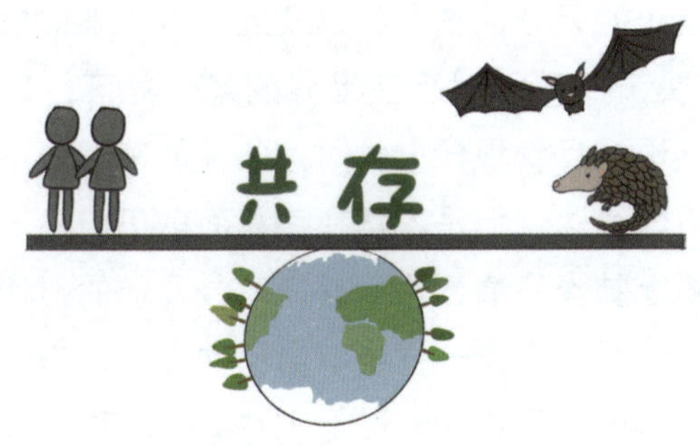

二、在人类与病毒的斗争中，作为个体我们能做什么？

人类与病毒有着长远的斗争历史，从公元6世纪开始的鼠疫，到十几世纪的天花、霍乱，以及近一百年来肆虐的西班牙流感、SARS、禽流感等，似乎在世界的某个角落，每隔一段时间就会有疫情出现。尽管现代人类医疗条件越来越先进，公共卫生预防技术越来越发达，但是人类在病毒面前仍旧不堪一击。面对此次暴发的新冠肺炎疫情，作为普通人，我们的力量似乎太过于薄弱，没办法像医务人员一样奉献自己的专业知识和能力，只能被迫居家，不停地查看新闻，过上了“待在家里就是给国家做贡献”的生活。然而，作为新时代的公民，面对疫情，我们更应该主动思考，我们可以做出什么贡献。

1. 重视疫情，做好自我保护和防护措施

与流行性病毒的战斗不是一个人、一部分人的战斗，而是整个民族乃至整个人类的战斗，在病毒面前我们需要的是团结一致，积极响应配合国家对疫情采取的治理方案，不轻视疫情，不谎报健康状况，不隐瞒行程，不擅自前往人流密集的公共场所。主动学习病毒的相关知识，懂得科学的防范措施，在自己力所能

及的范围内做到最好的保护。此外，我们要认识到健康的重要性，平时积极锻炼身体，增加免疫力，并且及时接种疫苗，饮用清洁的水，注意食物的新鲜程度和卫生程度，并且定期做健康检查等。

2. 相信科学，保持理智，不信谣，不传谣

疫情之下，面对社会媒体特别是自媒体铺天盖地的各种新闻与信息，我们经常难辨真假。当外界充满各种不确定性时，人们往往会寻找一些武断、片面的方式来做解释。例如，人们无法了解病毒的源头，就会容易觉得有人暗中蓄意制造病毒迫害我们，从而陷入“阴谋论”。所谓“阴谋论”，就是人们在找不到对外界合理解释的时候容易陷入的简单的逻辑思考路径，它可以满足人们对复杂事件的简单解释，例如，把一些灾难性事件归因于神秘组织蓄意为之、外星人入侵，或者某些特定有权力的人或组织恶意的蓄谋。然而“阴谋论”并没有帮助我们解决问题本身，反而让我们产生更多的负面情绪，从而把注意力放在对一部分人的攻击上。因此，我们要警惕陷入这些过于简单的归因解释，提倡从科学的角度理解病毒产生的原因、传播途径与解决方法。

此外，我们也应当警惕信息传播带来的负面影响。举个例子，每当有人尤其是公众人物自杀行为被报道后，会引起广泛的讨论和关注，潜移默化地影响到人们，甚至可能提高自杀率。这种“社会传染”现象就是信息传播带来的负面影响，因此，面对疫情带来的各种谣言和负面信息，我们要警惕，不做谣言的制造者和传播者。

3. 关心身边的人，传递正能量

每一次与病毒的斗争结果都在某种程度上关乎人类的命运，病毒威胁着我们的生存环境，与我们每个人的生活都息息相关。在特殊时期，更需要我们相互支持，关心家人、关心社会。或许你因长期封闭在家，与家人的矛盾冲突不断，不如把这种长期的相处当作一次学习改善你与家人关系的机会，创造和谐的沟通环境。我们可以多倾听家人的想法，多与家人一起做家务，如共同尝试一个平时没吃过的菜品，一起布置室内环境，一起看电影和纪录片等。通过与家人和谐沟通，帮助家人梳理他们的焦虑和担忧，传播积极的情绪。除了家人之外，还可以多多与亲人、朋友进行线上交流，相互慰问关心，一个隔空的问候也能增加彼此心里的温度。

研究发现，做帮助他人的事情可以增加自己的获得感和幸福感。在疫情防控时期，我们可以想办法多帮助别人，可以利用自己的专业知识进行科普宣传，和父母一同开展娱乐和锻炼活动，在社区做志愿服务等。我们还可以通过互联网分享一些视频，以增加人与人之间的了解，拉近人们心与心之间的距离。

疫情之下，人人都可以贡献自己的一份力量。仔细思考一下，你现在可以做些什么？赶紧行动吧！

三、在战“疫”中，我们看到了哪些人性的美好与感动？

狂风骤起，劲草迎击，烈火凶燃，真金砥砺。在14亿中国人准备喜迎春节之际，一场特殊的战役突如其来。在这场特殊的战役中，我们一次又一次地被自然流露出的人性中最质朴的美好所温暖，被不普通的普通人、不寻常的寻常事所感动。

1. 在战“疫”中，我们被“逆行者”感动

一张特殊的机票上写着，乘机人：最美白衣战士，返程日：战“疫”胜利日。机票的背后是一群在危急关头，明知前路漫漫、危机重重，却义无反顾选择迎难而上的“逆行者”。国家信息中心监测发现，在武汉宣布暂时关闭机场、火车站等离开武汉通道后的一周时间里，从外省、区、市进入武汉的人次超过了12万。这些“逆行者”里有84岁的钟南山院士，有73岁的李兰娟院士，有美丽可爱的“胡歌老婆”，有4天3夜骑行300多公里的95后女医生甘如意，有面向家的方向三鞠躬悼念去世的母亲的吴亚玲，有“衣白袷，破楼兰，赤子切记平安还”的李勤、张育峰夫妇……疫情防控期间，我们看到无数被口罩勒出伤痕的面孔，一双双布满血口的手，一个个席地而卧的身影……在这和平

盛世，我们被迎难而上、坚守岗位、救死扶伤的无名英雄感动。

2. 在战“疫”中，我们被“随时待命”感动

火神山医院总建筑面积3.39万平方米，共设1 000张床位，从方案设计到建成交付仅用10天。2020年1月23日下午5点，武汉应急医院施工筹备会后，7 500多位建设者因一个电话在除夕前夜离开家人赶赴工地。30个小时后，火神山医院设计图纸出炉；37个小时后，上百台挖掘机集结完毕。创造中国速度神话的是一群“随时待命”的普通劳动者——

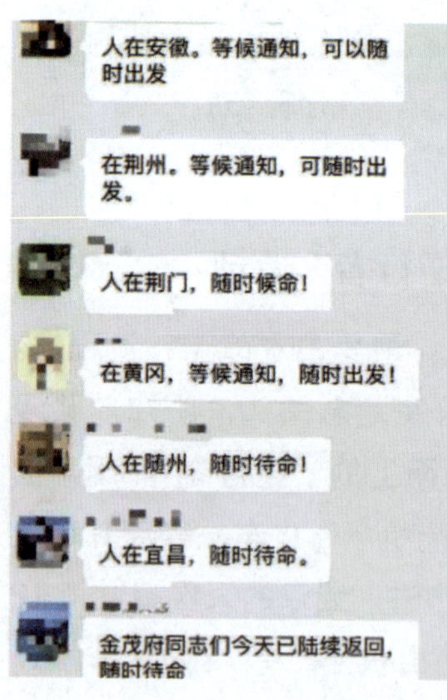

“我想尽我全力，保这片土地的安全！”

“如果不来，我会后悔一辈子！”

“我想尽一个普通人的义务！”

……

一个个简单而真挚的理由让这些建设者们“随时待命”，他们中有人偷偷立了遗嘱，有人自费跨省打车赶到武汉，有人在年前悄悄“离家出走”。在大是大非面前，我们被举国上下众志成城、共克时艰的决心感动。

3. 在战“疫”中，我们被“大爱无疆”感动

在最需要救援、最脆弱的时候，世界各国纷纷伸出援助之手，俄罗斯说“23 吨，飞机已经满载”，巴基斯坦说“愿调集全国所有库存提供援助”，柬埔寨说“中柬是真正的‘铁杆朋友’”，日本说“山川异域，风月同天”“岂曰无衣，与子同裳”，韩国说“现在，该是首尔报恩的时候了”，憨豆先生说“我留下来，就是对武汉的支持！”，以色列小伙说“We got your back！这次我们站在中国身后！”滴水之恩亦铭记，何况雪中送炭，这些感动我们铭记于心。

4. 在战“疫”中，我们被“搭把手”感动

《武汉伢》中说：“可爱的武汉伢，这是我的家，我们守护她，如果有一天她也需要我，搭把手，就过了。”在这场战役中，我们被很多“搭把手”的美好感动。没有任何资源的武汉 80 后快递小哥汪勇，一呼百应，组建了车队，对接了共享单车，找到了提供饭菜的餐厅，他“搭把手”的举动给了白衣战士们极大的后勤保障；安吉拉为了给独居老人和孩子“搭把手”，一人负责着 80 多户共 179 人的一日三餐供给；社区基层工作者刘安安给社区 40 余位独居、空巢和鳏寡老人“搭把手”，每天买 40 多份蔬菜水果；小区邻居们相互“搭把手”，组建拼菜群。谁说城市的钢筋铁骨隔绝了人与人之间的真诚和热情？事实证明病毒可以隔离人与人之间的空间距离，但隔离不了爱。我们被“搭把手，就过了”的行动派们的乐观热心感动。

5. 在战“疫”中，我们被“娱乐精神”感动

由于新冠肺炎疫情的持续发展，大部分中国民众都自我隔离在家，因为一条来源不明的推文，一夜之间数以万计的朋友圈、微博里都在“立扫把”。这也足以说明大家在重复、单调的环境里待得有多么无聊。除了“立扫把”，大家还自创了剔草莓籽、数米饭粒、在家一日游等游戏。我们不仅感动于中国人民苦中作乐的娱乐精神和创新能力，我们更感动于大家“不出门，不添乱，我为国家做贡献”的实际行动。亿万中国人数十日靠着自觉蜗居在家，大小城市用“空城”来表达抗击疫情的众志成城。我们被这美好的足不出户的社会责任感动。

在这场战役中，我们看到了无数的美好让普通人变得不普通，那些冲锋陷阵的战士和我们一样都是有血有肉的普通人，上有老下有小，面对危险也会害怕，面对困难也会无助，有爱有恨有伤心，我们才会为他们骄傲，被他们感动。

同学们，在这场疫情中，你又看到了哪些美好和感动呢?

参考文献

[1] 常国全. 豺狼冠状病毒感染 [J]. 兽医科技信息，1995(11).

[2] 车文博. 心理咨询大百科全书 [M]. 杭州：浙江科学技术出版社，2001.

[3] 陈娜. 互联网对年轻人异地婚恋的影响——透过时空变化的视角 [J]. 湖北科技学院学报，2017(37).

[4] 成汇. 新型冠状病毒：你竟然是这样的一种病毒 [J]. 医脉通，2020 (2).

[5] 丛扬洋. 找到意想不到的自己：萨提亚模式与自我成长 [M]. 武汉：武汉大学出版社，2015.

[6] 邓明昱. 灾害危机干预与心理急救手册 (电子版) [M]. 纽约 : 国际中华科学技术出版社，2010.

[7] 冯伟光，籍颖，朱倞. 大学生转专业动机及适应性分析 [J]. 高校辅导员，2013 (2).

[8] 盖瑞 · 查普曼. 爱的五种语言 [M]. 王云良，译. 北京：中国轻工业出版社，2006.

[9] 耿合员，谭文杰. 新近发现的冠状病毒研究进展 [J]. 病毒学报，2013 (1).

[10] 康亚通. 青少年网络沉迷问题的治理 [J]. 预防青少年犯罪研究，2019 (5).

[11] 李桂琴. 中职生顶岗实习阶段的心理问题及疏导方法研究 [J]. 中国校外教育，2019 (12).

[12] 李立明，梁晓峰，姜庆五，等. 新型冠状病毒肺炎流行病学特征的最新认识 [J]. 中华流行病学杂志，2020 (2) .

[13] 陆璐. 高职高专学生时间管理倾向与学业拖延的关系 [J]. 芜湖职业技术学院学报，2016 (4) .

[14] 马辛. 新型冠状病毒感染的肺炎公众心理自助与疏导指南 [M]. 北京 : 人民卫生出版社，2020.

[15] 田丰. 网络社交为何让我们越来越孤独 [J]. 人民论坛，2019 (31) .

[16] 王敏. 旅游管理专业学生转专业的动机分析及对策研究——以扬州大学旅游烹饪学院为例 [J]. 教育教学论坛，2015 (17) .

[17] 泽文，陈红. 疫情中的心理关爱手册 [M]. 重庆：西南师范大学出版社，2020.

[18] 中国疾病预防控制中心. 新型冠状病毒感染的肺炎公众防护指南 [M]. 北京：人民卫生出版社，2020.

[19] 曾旻，周宵，伍新春. 创伤暴露程度对中学生创伤后应激障碍的影响 : 控制感的调节作用 [J]. 中国临床心理学杂志，2017 (1) .

后 记

2020 年 1 月 21 日下午，我离开学校办公室，在忙碌了整整一学期后，准备迎接寒假的到来。有关新冠肺炎疫情的消息，我先前从报纸和新闻中了解了一些，但是因为不在武汉，没有身临其境，不知道这次疫情会怎么样，更不会想到会传播得这么广。在离开办公室前，我给在武汉的一个好朋友发了微信，送去问候，就像以往过春节一样。他说他要“过一个革命化的春节，自我隔离”。那时候我还开玩笑地调侃说，“可以不革命，但是要有名”，就关电脑回家了。

然而，事情比我想象的要严重得多。1 月 23 日我加入了一个给武汉医务人员提供心理支持的团队，投入到疫情相关的忙碌工作中。面对每天变化的确诊、疑似病例和死亡数字，此时此刻，没有什么人可以置身事外了。我们的生活也因此发生了前所未有的变化，本来是合家团聚的假期，但是今年却真是各有不同：有些家庭全员聚在了一起，本来以为只是一两天，结果禁止人员流动让他们不得不继续待在一起很长时间；有些夫妻，本来的计划是分别看望自己的父母，然后相聚，而他们没有想到因为疫情开始了不知何时结束的分居生活；学生们放假在家，本来安排了跟朋友的活动，现在也只能待在家中。好多学生发现，自己从来没有这么想回到学校。在家“宅”着，以为可以无限期放假，但是网课开学的通知又把老师与同学们拉回到了现实。随着疫情的发展，民众各种各样的心理问题接连出现，有的人对疫情感到恐慌、担心甚至多疑，疫情的影响下，家里的各种人际冲突不断，学生和家长们也存在对开学和求职的各种焦虑。疫情在发展，生活要继续，变换一种生活方式，我们的确需要很长时间来适应。

为了使人们了解这次疫情给个人、社会带来了什么影响，了解在疫情的发展过程中，可能出现的各种心理问题应该如何应对，了解通过这次疫情，我们应该获得什么样的领悟，我们特为技工院校的学生们编写了这样一本手册，希望可以帮助他们以积极、健康的心态度过这个特殊的阶段，并为未来的学业、生活和职业生涯规划做准备。

接到编写这本手册的任务后，我在北师大毕业和在读的学生微信群里发布了征稿信息，迅速得到了大家的热烈响应。不到一天的时间，我们就聚集了来自全国各地的 17 名中学、职业学校和大学老师，构成了我们这个手册的编者群。大家立即行动，齐心协力，在短短不到一周的时间里，集成了这个手册。

在整个编写过程中，我的博士研究生贾音（她曾经在高职学校工作过三年）和硕士研究生李小红（她现在也是职业学校的老师）在搭建整个手册的框架结构及稿件的修订工作中付出了大量心血。参与手册撰写的所有编者都投入了相当的心力。大家都有一个共同的想法，就是希望可以携手并肩，共渡难关。

在写作过程中，我们也参考了很多书籍、期刊以及网站和自媒体的文章，在此一并感谢。因为时间关系，尚存漏洞和缺陷，恳请阅读此手册的老师和同学们批评指正。

侯志瑾

2020 年 2 月 21 日于北京